朝日新書
Asahi Shinsho 912

問題はロシアより、むしろアメリカだ

第三次世界大戦に突入した世界

エマニュエル・トッド
池上　彰
大野　舞（通訳）

朝日新聞出版

はじめに

2022年2月24日。

ロシアがウクライナに侵攻したこの日は、のちに歴史を振り返るときに、世界のあり方が大きく変わった日として語られるに違いない。

私はウクライナ戦争が始まってからたびたび、日本で発言をしてきたが、この戦争について思考を続け、発信を繰り返すことがいよいよ重要になってきたと考える。というのも私はいま、ひじょうに不安を感じている。西洋はこの戦争が進むにつれて、ますます現実から目を背けるようになってきたからだ。このようななかで、ジャーナリストの池上彰さんと対談をする機会をいただいた。戦争についてともに議論を深めるという貴重な場をこのタイミングで得たことは、私にとって大変重要だった。本書はその記録だ。

戦況は長期化の様相を呈していて、先行きはまったく不透明だと言える。飛び交う情報も玉石混交で、それに惑わされるばかり、といった人も多いだろう。しかし、そんないまだからこそ、考えをめぐらせるに値する「意義のあるテーマ」が、いくつかあると私は考えている。

なぜ、このウクライナ戦争は起きたのか。「狂ったプーチンが始めたこと」のひと言で片づけていいものなのか。

戦争の深層にあるものは何なのか。政治や経済のうえでの対立だけではない、「無意識下」の対立が、その原因となっている面はないのか。

戦争の理由と、長らく1強の覇権国として君臨してきたアメリカという存在との関連は、どういったものなのか。

そして、この戦争が終わったとき、そこにはどんな世界が待っているのか……。

私はアメリカ側でもロシア側でもない。中立を貫くのが、私の学者としての矜持だ。その立場から、とことん疑問を突き詰めてみたいと考えた。

第1章では、ウクライナ戦争が起きてしまった背景には何があるのか、について議論した。一般的には、ウクライナ戦争は「プーチンのせいで起きた」というのが多数派だ。しかし、「戦争が起きた最大の原因はアメリカとNATO（北大西洋条約機構）にこそあるのではないか」という別の視点を提供している。

そして、ロシアのせいにする一面的な見方が広まってしまった背景には、「ロシア・フォビア（ロシア嫌悪）」という思想に偏ったジャーナリズムの問題があるという指摘もしている。

私が母国であるフランスよりもこうして日本のメディアで発言しているのは、実はこの「ジャーナリズム問題」と深く関係しているのだ。

第2章では、ウクライナ戦争の戦況について、また今後どう推移するのかについて意見を交わしている。

ウクライナでの戦いが、このままでは世界的な戦争に発展するのではないかという危惧を耳にする。しかし、私が見たところ、「第3次世界大戦は、もうとっくに始まっている」ということで間違いない。

それはなぜなのか。今後の展開のカギを握る国として、アメリカはもちろん、ポーランド、バルト3国、イギリスなどについても言及している。

そして、ロシアを訪問してプーチン大統領と会談し、「仲介案」を提示するなど、戦争開始時とは異なる動きを見せ始めた中国の意図についても考察している。

第3章では、私の専門である人類学の立場からこの戦争を読み解いた。

ウクライナ戦争は、単なる「民主主義陣営vs.専制主義陣営」の戦い、とも見られがちだが、今回の対立はそういった政治学上のことのみで的確にとらえられるとは思えない。プーチン大統領の、ロシアの価値観とはどんなものなのか。そして世界中に目を向けてみれば、西側の価値観とロシアの価値観では、どちらがマジョリティーなのか。

また、各国の「家族システム」の違いが思想にも影響しているという視点から、西側とロシアの家族システムについても考察している。

第4章のテーマはアメリカ。ずばり「アメリカの没落」の可能性だ。

西側によるロシアへの経済制裁は効果を見せず、逆に見えてきたのは「意外にも」持ちこたえているロシアという国の安定ぶりと、一方でアメリカの産業基盤の不確かさだ。

アメリカはウクライナに兵器を供与するなどの支援を続けているが、その兵器の「生産力」はおぼつかない。だからといって、ここで手を引くことは「負け」を認めることになる。

ウクライナ戦争という深みにはまってしまっているようにも見える。いま暗い影が忍び寄っているように思う。

いや、影どころではすまないかもしれない。私は「アメリカの崩壊」という可能性にも言及した。その先には何があるのか。あるいは逆に、そうなったほうが明るい未来があるのではないか。そんな問題提起も試みている。

第5章では「ウクライナ戦争後の世界」について考察した。

自国の民主主義を世界に押し付けてきたアメリカに対し、権威主義ではあるが、他国の特殊性を尊重する「すみ分け」の世界ビジョンを持っているロシア。そして世界には、このロシアの価値観のほうに親近感を持つ国々の方が多いという点を指摘している。

覇権国アメリカが力を失っていくことで、世界が多極化、多様化する可能性はあるのか、についても考えた。そして、多様化することで世界は果たしてよくなるのか。そして、そうなったときに日本はどう考え、どうふるまっていけばいいのかについても意見を交わした。

池上さんとの対談は、一部掲載した「この戦争に勝者はいない」（AERA2023年2月27日号）を含め、オンラインで3日間、計8時間におよんだ。そのなかで、私が何度か思わず口にした言葉がある。

「こんなことを話すのは、きょうが初めてです。いったい私に何が起きているのでしょうか？」

池上さんは対談のなかで、私に言葉を選ぶじゅうぶんな時間を与えてくれた。そして的確な質問を的確なタイミングで私に投げることで、私に深い充実感を与えてくれた。新しい思考が泉のように湧き出てくる感覚を覚えた。一流のジャーナリストとしてのその振る舞いに、私は深い畏敬の念を抱くことになった。

この本を読むことで、読者は私たち2人の対話から、ウクライナ戦争についてメディアで飛び交うさまざまな言説とは異なる、まったく新しい視点を手にできると確信している。

池上さんに、心から感謝の意を表したい。

2023年4月14日、フランス・パリにて

エマニュエル・トッド

問題はロシアより、むしろアメリカだ

第三次世界大戦に突入した世界

目次

第5章　多様化していく世界と我々

第1章

ウクライナ戦争の原因とジャーナリストの責任

池上　日本からボンソワールですね。フランスはまだボンジュールになるのかな。お忙しいところ、お時間を割いていただいて、ありがとうございます。

トッド　こちらこそ、オンラインではありますがお会いできてうれしいです。

２０２２年２月24日にロシアの軍事侵攻で始まったウクライナ戦争については、私もいろいろと考えるところがあります。

とても大きなテーマなので、きょうはまず、池上さんにぜひ口火を切っていただいて、どこから始めたらいいか教えていただければいいかなと思います。いかがでしょうか。

池上　わかりました、では、始めましょう。

まずはですね、トッドさんは22年の段階から、「ウクライナ戦争の最大の責任は、ロシアやプーチン大統領ではなくアメリカとＮＡＴＯ（北大西洋条約機構）【図1】にある」とおっしゃっていますね。なぜでしょうか。

トッド　この戦争はアメリカやＮＡＴＯの対応次第で、つまり「ウクライナの中立化」というロシアのかねての要請を西側が受け入れてさえいれば、容易に避けることができたかもしれません。

図1　NATO加盟国

軍事支援を通じてウクライナを事実上の加盟国にして、今も武器を提供しているアメリカとNATOに、戦争へと仕向けた直接的な責任があると考えています。

池上　アメリカはさまざまな兵器をウクライナに供与していますが、ロシア領土を直接攻撃しないことを条件にしています。ウクライナ国内に入ってきたロシア軍にだけ使え、という限定的な形です。

つまり、アメリカは「ロシアとの代理戦争」を、ウクライナを舞台に戦っている。最大の被害者はウクライナ国民だと思います。

トッド　同意します。

ここは歴史家ではなくて、モラリストとして、

道徳的な見方を少ししてみたいと思います。

「ウクライナをさらに武装化すべきだ」と主張する人もいます。でも、その人たちはウクライナが勝てないだろうことは薄々わかっている。犠牲になるのはウクライナの人だと知ったうえでのそういう議論は、とても非道徳的なものだと思っています。

私は戦争に反対の立場です。ただ、どうしても戦争をするならば、直接戦うべきです。第三国を介したような戦争は、さらに道徳的ではありません。

『帝国主義論』を書いた旧ソ連の初代指導者、ウラジーミル・レーニンの言葉を借りれば、この戦争はグローバル化が極端に到達したところで起きている、とも考えることができると思います。

グローバル化の原則とは、生産拠点を移転すること。中国や東ヨーロッパなどに移転することで、より安い人材を使う。

その点で、いまのウクライナ戦争を見ると、アメリカや西側諸国が軍事の人材もアウトソーシングしているという見方もできるわけです。

たとえば、ドイツなどは生産拠点をポーランド、ルーマニアなどに移転して、どんどんグローバル化が進んでいったわけです。

けれども、いまのヨーロッパというのは、ウクライナの兵士を使いながらロシアと代理戦争をしているようなところがあるんです。人が人を使った戦争を、代理で行う。きわめて非道徳的で、民主主義の理想の逆をいってしまっていると私は考えます。

池上　今回のロシアによるウクライナ軍事侵攻を、最初から振り返ってみようと思います。

トッドさんは先ほど、「この戦争は、ウクライナ中立化という当初からのロシアの要請を西側が受け入れていれば、容易に防げた」と指摘されましたね。なぜそう思われるのでしょうか。中立化で本当に防ぐことができたのでしょうか。

トッド　これは、ウクライナとアメリカがどのように行動をしたか、ということを見なければなりません。

つまり、ウクライナとアメリカが、「ウクライナがNATOに加盟することが、いかにロシアにとって脅威なことだったか」という点を理解していたかどうかということなんですね。

アメリカのシカゴ大学教授で、国際政治学者のジョン・ミアシャイマー氏は、ロシアのウクライナ侵攻が始まる前から「ウクライナはすでにNATOの『事実上の』加盟国だった」「この問題は、ウクライナが実際に加盟申請をしたかどうかという形式的な問題としては片づけられない」という重要な指摘をしています。

つまり、そのことが原因でウクライナ戦争というのは始まったと見ることができるというわけです。ウクライナの中立性が守られていれば、戦争は避けられた、と考えることはできると思います。

ただ、確かに可能性の一つとしてはありえたと思うんですけれども、それが確実なことだったかどうかは言い切れません。

西側は、ウクライナがNATOに加盟するということに対しては、常にオープンであると言い続け、そういう態度を取り続けてきたわけです。それが一貫した西側の姿勢でした。そして、ウクライナの軍を再編するようなこともポーランドやアメリカは裏でやってきたという、そういう文脈があります。

もし、たとえば、ミンスク協定（ロシアとウクライナ、ドイツ、フランスの首脳が201

5年2月にベラルーシの首都ミンスクでまとめた、ウクライナ東部紛争をめぐる和平合意)よりも前の時点で、西側が「ウクライナは、中立国であるべきだ」ということを理解していたならば、そして、「ウクライナがロシアと西側を繋ぐ橋のような存在になるべきだ」ということを、その時点で理解していたならば、この戦争は避けられたかもしれないと思います。

しかし、2014年2月の親ロシア政権が崩壊したウクライナ政変以降、ロシアにとってみれば、アメリカがウクライナを中立国にしようということをまったく考えていないことは、もう明らかだったわけですね。

私は歴史家で、道徳的な観点からはさまざまな判断をすることはしないわけなので、こうしたファクトを見ていくわけですね。そうすると、「もし中立化を受け入れていれば回避はあり得たかどうか」というような話は、もはやだんだん意味がなくなってきているのではないか、というふうにも感じるわけです。

ただ、たとえば第1次世界大戦(1914~18年)や第2次世界大戦(1939~45年)について振り返ってみるということは、意義があるのかなと思うんですね。つまり、第

1次世界大戦、第2次世界大戦というのは、それぞれ毎回、「ある国が戦争を求めていた」わけです。

第1次世界大戦であれば、ドイツがそれを求めていたといったように、あるアクターが戦争を求めたために戦争が起きたということが言えます。

そういう意味で考えてみると、今回のウクライナ戦争は「アメリカが求めていたものだ」というふうに理解することはできるのではないかと思います。

ただ、自分からは求めていないのに、戦争に突入してしまうという場合も、歴史のなかにはもちろんあります。

たとえば日本を振り返ってみると、パールハーバー（1941年、旧日本軍がアメリカに対して行った、ハワイの真珠湾への攻撃）の前にも、中国や朝鮮半島への領土拡大というようなことはしてきていたわけですけれども、実際に対アメリカとの戦いに突入したのは、そうなるようにアメリカが仕向けたからだ、というふうにも言えると思うんですね。

そういう意味では、アメリカというのは「他国を戦争に向かわせることをする国」だ、とも言えるのではないでしょうか。

図2 ロシア軍によるウクライナ侵攻（侵攻当初）

どうしてアメリカが戦争に向かわせたのか

池上　しかし、今回のウクライナ戦争で言えば、現実問題として実際にウクライナへの侵攻を仕掛けたのは、ロシアですよね【図2】。なぜ、アメリカが「向かわせた」と言えるのでしょうか。

トッド　このウクライナ戦争に対しての見方については、まず軍事的なところから見るといった面がひじょうに大きいと言えると思うんですね。

　つまり、まずは軍の動きを見ると。最初はどの軍がどの土地に行ったかという、その単純な動きを追って見ると、確かにまずはロシアの軍がウクライナに入ったという、その動きをはっきりと見てとることができます。

しかし、そのような軍事的な側面よりも、社会的なダイナミズム、力学的な側面を見てみることも大事です。

要するに、2000年にプーチン政権になってからのロシアというのは、いったいどういう国だったかということを見るべきなんですね。

1990年代の、ロシアにとって苦難の時代を経て、2000年代にはひじょうに安定した社会を取り戻しつつあったということが、見えてくるわけです。

生活水準が正常に戻っただけではなく、自殺率も他殺率も低下しました。乳幼児死亡率は急速に減っていき、アメリカの数値をも下回るようになった。それが、その時期のロシアなんですね。

そして、保守的なほうに傾倒しつつあったとも言えます。これは、ロシアが何かに向けて動くというよりも、むしろ不動、動かないことを求めていた、というふうにも言えると思うんです。

一方のウクライナですが、正式にはアメリカ軍はいなかったわけですけれども、さまざまな情報機関やミサイルなどの動きを見てみると、もちろん「ウクライナには、アメリカがいる」と言えるわけなんです。

そして、そういったウクライナの社会的な力学、ダイナミズムのようなものから見ていくと、いったいどうだったかというと、はっきりと「崩壊」が始まっていた国なわけです。

1千万から1500万人ほどの人々が国外に流出していたというようなことも言われていますし、思想的にも、ロシア語圏の東部ウクライナもその一つですが、ネオナチとは言わずとも、かなりニヒリスト的な傾向があったと言えると思います。

ウクライナは社会的に退行的な動きを見せていたと言えるんですね。

そして、アメリカはどうかというと、まったく安定なんかしていない。平均寿命は下がり、乳幼児死亡率などはロシアのほうが低いですし、産業も崩壊してしまった。

そういった社会的な動向というものが、軍事的な動きの一方にはある、ということは気をつけて見なければいけないと思うわけです。

ウクライナ東部ドネツク州のバフムートで、ロシア軍の攻撃で破壊された建物＝2023年２月10日、AP／アフロ

そして、そうすることで、「誰が攻撃者なのか」ということも見えてくるというわけです。たとえば、ウクライナ東部ドネツク州のバフムートでの戦いですね。最近、ひじょうに激しい戦地になっていますけれども、実際にその戦場で誰が戦っているかということを見ると、軍需品などを見てみても、「ロシア対アメリカ」の戦いであるわけですね。

そして、そのバフムートが、アメリカからは８５００キロメートル離れているのに対して、モスクワからは、まあせいぜい９００キロメートルほどしか離れていない、ということにも着目する必要があります。

これは、地図を見るとわかりやすいと思いますけれども、一目瞭然なわけですよね。矢印で示すと、その距離感というのは一目瞭然なわけです。

バルト3国からウクライナまで不安定な地域圏

トッド　もう一つ、最近になって私自身が気づき始めたことがあります。アメリカについてよく私は話をするんですけれども、アメリカ以外にも「ロシア・フォビア（ロシア嫌い）」に動かされている自立した地域圏というものがある、という点なんです。

池上　それはどこですか？

トッド　バルト3国、ウクライナ、ポーランドなんです。これらの国々はですね、ひじょうに「ロシアへの恨み」というものを持っている。必ずしもその恨みは明確なものではないんですけれども、そういったもので形作られている地域圏があるわけですね。

もちろん、ロシアというものを「共産主義を築いた」とか、「独裁者スターリンを生み出した」などというようなことで批判することはできるのでしょう。

あるいは西側は、いまもそのプーチンのことをロシアの伝統の後継者といいますか、つまり帝政ロシア（18世紀から20世紀初め）の専制政治体制である「ツァーリズム」であるとか、スターリンの後継者であるというような見方というのは、いまだにあるわけです。

けれども、実は、ロシアという国は自分たちで共産主義やスターリンというものを倒してきた歴史があるということを忘れてはいけません。

そういうふうに見られることはあまりないんですけども、戦争もせずに、自分たちでそれを倒して、変化を受け入れてきたという歴史があります。

バルト3国や、ウクライナの独立も、少なくとも最初のうちは認めていたわけですよね。

それから、バルト3国とかウクライナの一部の中に、ロシア語を話す人々、つまりそういうマイノリティーを残すことも、受け入れてきたという歴史があります。

確かに、その後に出てきたロシアというのは、いわゆる西洋的な、リベラルな国ではないわけですけれども、かつてのソ連のような全体主義的な国でもないわけですね。

プーチンは市場経済というものに反対はしませんし、むしろ経済をも軍事化してしまうことには反対しています。

たとえば、スターリンのようにしてしまうことには、反対な立場の人間なわけですね。そして、プーチンという大統領は、ロシアの歴史のなかで、初めて「反ユダヤ主義」というものを持ち出さなかった人でもあります。

さらに言えば、ロシア人も、ある程度ロシアから逃げたければ逃げることができるといったような状況でもあるわけですね。

池上　ではなぜ、そのバルト3国やウクライナ、ポーランドなどは恨みを持ち続けているのでしょうか。なぜ、根深い問題が、そこにはあり続けているのでしょうか。

トッド　これは仮説ですけれども、これらの国々が、ソ連から解放されたあと、社会的、または精神的な意味での均衡というものを見いだすことに失敗してしまったからだと、私は考えています。

たとえば、「ポーランド人である」ということはどういうことかといったときに、「カトリシズム」（カトリックの信仰）というのはあったわけですけれども、そんな宗教的な側面も、ポーランドでは崩壊しつつあった。そういった中で、社会的な均衡を見いだすことができなかったと考えます。

また、ウクライナは、ロシアのなかで共産主義が崩壊していくという動きがあったなかで、実はその動きに対しては後れを取っていた、という歴史もありますね。

もしかしたら、ロシアよりも、よりソ連的だったかもしれないというような側面は、あまり知られていない点です。

ですので、バルト3国からポーランドを通ってウクライナまでというあの地域圏は、不安定化の根源と言いますか、ひじょうに不安定な地域圏だと言えると思います。

池上 ポーランドといえば、トッドさんは、ウクライナ戦争の今後の行方を見るうえで、「ポーランドには気をつけろ」と、おっしゃっていますね。どういうことでしょうか。

トッド 最近ですね、在仏ポーランド大使のインタビュー動画を見たんですけども、驚くことに彼は、「たとえばウクライナ軍が危機に陥ってしまったならば、ポーランドが戦争に入る」といった趣旨のことを発言していたわけですね。

この一連の動きは、日本にとっては、ウクライナやバルト3国などはひじょうに遠い国であるとは思うんですけれども、ただし、この不安定なゾーンというのは、世界的な不安定さを生み出すという危険性もあるということについては、やはり注意するべきも

ポーランドがウクライナに提供した旧ソ連製の戦闘機「ミグ29」＝ロイター／アフロ

のだと思います。

ポーランドがウクライナ戦争に参加するようなことになってしまったら、本当にひどい状況になると思います。

けれども、現実にポーランドが徐々に再軍事化を進めていて、実はフランスより、いや、ドイツなどよりも強い軍事国家になりつつあるというような話もあります。

要するに、「問題はアメリカだけではない」という点は、ひじょうに留意しておくべきことだと思います。

この地域圏に関しては、あともう一つ付け加えるならば、ヨーロッパにおいてとてもユダヤ人の人口が多かった地域であるという点があります。

つまり、中流階級がそこにいたというわけなのです。

戦争で、ひじょうに多くのユダヤ人が殺戮《さつりく》されて、その中流階級も破壊されてしまったという歴史があります。アメリカの歴史家で、イェール大学教授のティモシー・スナイダー氏は、その地域を「ブラッド・ランド（流血地帯）」というふうに呼んだわけですね。

まさしくそういった地域で、ひじょうに危険を感じさせる、悲劇の地でもある。不安定性を生み出すような危険な地域ということで、そしてそれが、私を不安にさせる要因の一つでもあるわけです。

「最大の責任はアメリカ」まず日本で発言した理由

池上　ところで、トッドさんが今回のロシアによるウクライナへの攻撃を「最大の責任はアメリカ、そして、ＮＡＴＯにある」とおっしゃっていますが、アメリカやヨーロッパの多くの国、そして日本でも、「ウクライナ戦争の一番の責任はロシアにある」というのが一般的な世論です。

トッドさんの発言はかなり勇気のいることではないですか。

トッド　ウクライナはフランスと同じヨーロッパの国ですから、感情的にも難しい面はあり、私もフランスでの発言には慎重になっていました。まずは日本でウクライナ戦争に関する発言をしてきたのもそれが理由です。

ただですね、実はフランスよりも、日本のほうが反ロシア感情というのは強かったと言えると思うんですね。

歴史を振り返ればわかることなんですけれど、まず1904〜05年の戦争（日露戦争）がありました。この戦争があって、日本はヨーロッパと対等な力、立場を得るようになっていく、そのきっかけとなった戦争ではあるんですけれども、この戦争はひじょうに人がたくさん亡くなりました。国として巨額のお金もかかったということがありました。

それからさらに今度は、旧ソ連による対日参戦も第2次世界大戦の末期（1945年8月8日）にありましたよね。

このときに生まれた北方領土の問題というのは、まだ続いている問題として日本にあります。そういう意味では、ロシアに対する敵意感情みたいなものは、とても根深く日本にあると思います。

ただし、ウクライナはどうかというと、日本からすると、ウクライナはひじょうに遠い国ですね。そういった意味で、私にとって日本での発言のほうがより簡単だった、ということが言えると思うんです。

それに加えて、日本での私の立場というのもあります。

フランスではですね、「反体制派だ」と言われたり、まあいろいろと言われたりするんです。でも、日本での私というのは、一人のフランス人知識人として認められて発言ができる。そこはちょっと異なった状況があるわけですね。

ただ、23年1月12日付のフランスの新聞「フィガロ」で受けた最近のインタビューは、日本で出した新書『第三次世界大戦はもう始まっている』(文春新書)とほぼ同じ内容でした。

その記事は世界中の言語に、すぐに翻訳されていきました。

大きな反響がありました。ちょうどウクライナへの戦車供与の話が出て、フランス国内でウクライナ戦争への見方が大きく変わったタイミングで発表されたこともあったでしょう。戦車を送るということは戦争をすることと同義だからです。記事には批判もありましたが、袋だたきとか、そういうところまではいきませんでした。ひじょうに重要な人からの批判は受けなかった、と言ったらいいでしょうか。

ちなみにですが、きょう（23年1月30日）は、実はフランスにある軍人の養成学校から、これからの戦略などについて話をしてほしいというような依頼を受けたんです。もちろん引き受けたいと思うんですが、そういったふうに、ここフランスでの私の発言も、少しずつ反響が出ていてですね、世論としても、私のような見方も受け入れられる雰囲気が出てきている感じはします。

ひとつジョークのような話ですけれども、こうやってフランスで話ができるようになってきたのは、もちろん、日本での本の成功があったわけです。

これは「フィガロ」のインタビュー記事にも書いてあるんですけれども、私の本が日本で10万部売れたということは、私の言う内容が、この本のおかげで守られているというような側面がある、と思っています。私は「日出ずる国」に守られているんだと思っています（笑）。

おかげさまで、ただのプーチン擁護者みたいな立場ではなくて、ある意味、漫画のキャラクターのような立場になっているのは、おもしろいことだと思います。

日本という国は、フランスにとって、とても威厳のある国というか、認められている国というわけなんですね。

なので、日本で発言して、日本で認められたと言うと、フランスでも受け入れられる、というようなことはあるんです。これは重要なことだと思いますね。

池上　今回、「フィガロ」の取材を受けた、そして、トッドさんの発言がその「フィガロ」の記事によってより広がるようになってきたということは、フランスの世論も変わりつつあるんでしょうか。

つまり、22年2月にロシアがウクライナに侵攻したときには、フランスでも「許し難いことだ」「とんでもないことだ。ロシアがいちばん悪いんだ」と、おそらく多くの人がそういうふうに感じたと思うんです。でも、ここへ来て、トッドさんの冷静な分析というものを受け入れる余地が出てきたということは、フランスの国内で、今回の戦争に関する見方が変わりつつあるということなんでしょうか。

トッド　いえ、基本的にフランスの「世論が変わった」というふうには思っていないです。

フランスで世論調査をすると、ほぼみな「反ロシア」という立場なのはウクライナ戦争が始まって以来、変わりません。

大衆層に関しては、反ロシア感情というのが少し和らぐんですけれども。そういった意味で「国民的にはひじょうに反ロシア」というのは、いまも変わっていないです。

なので、外交のことに関しては、中流層もそれから指導者層も含めて、民主主義的な議論というのがなかなか難しく、理解し合えないというような状況は、いまでもあると思っているんですね。

池上　そのフランスにおける「ロシア嫌い」の背景には、いったい何があるのでしょうか。

トッド　私は、「ロシア嫌い」にとらわれたメディアの影響がひじょうに大きいと思います。

というのも、これはアメリカもイギリスもドイツも同じなんですけれども、メディア、つまりジャーナリストたちが、ウクライナ戦争のすでにずっと前から、ロシア嫌いという立場にあったんですね。そして、反ロシア感情というものを持ったジャーナリズム、メディアを通して、いろいろとフランスでは記事が書かれたり、報道があったりしたわけです。

なので、世論が変わったとか、人々の態度が変わったというのではなくて、合理的な議論ができるようになってきたということです。ジャーナリズムの世界、それから政治家の世界のなかで、少し合理的な議論が始まろうとしている、というような言い方のほうが正しいと私は思います。

そういった議論のなかで、私の役割というのは、ロシア、ウクライナどちらかの側につくということではなく、中立の立場で、ロシア嫌いの人も含む全ての人に役立つための発言をすることだと考えています。

たとえば、日本においても発言したことですけれども、ロシアと日本というのは、良い関係を築いていくべきだと。けれども、私自身は、反ロシア派でもないですし、反ウクライナ派でも全くありません。

そういう意味で中立の立場で、が私の役割だと思っているわけですね。

そして私の、そういった立場からの分析というのは、ロシア嫌いの、反ロシア派の人にも、役に立つと思うんです。というのも、たとえばメディアでは「ロシア人たちはプーチン政権下、恐怖のなかで生活している」といった報道がなされていたのですが、これは事実とは異なっていたわけです。

ロシアという国は、プーチン政権下で、プーチンが支持されているなかで、安定化へ向かっていたと、私はウクライナ戦争の前から指摘していました。

プーチン政権というのは、崩壊はしないと私は見ています。なので、反ロシア派もそうでない人たちも、とにかく、たとえばロシアを攻撃したり批判したりしたいのであれば、ロシアを知るべきだと。どんな国なのかを冷静に知るべきだと私は思うわけなんです。

そういった意味で、私はもともとの歴史家の立場に「戻ってきている」と感じています。

そして、『我々はどこから来て、今どこにいるのか?』(文藝春秋)にも書きましたけれども、「ロシアと西側の国とでは『家族構造』に違いがあることについて、お互いに理解がないことが、無意識のなかで対立の根っこになっている」といったような問題にも着目するべきだと言っています。

小ロシア（ウクライナ）とロシアにおいてでも、家族構造が違う、といったことですね。そういった人類学的な視点から物事を考えるということも、しなければならないと思うんですね。見なければいけないのは、事実、そして真実なんです。

ひとつ例を挙げたいのですが、「歴史的客観性」とは何かということなんですけれど、これに関しては、いま私はイギリスに関していろいろと考えているところなんです。

私は常に、イギリスに対しては家族のこともありますが、親近感を抱いてきた人間なんですね。そして、大学もイギリスのケンブリッジ大学に通いましたし、たとえばイラク戦争（2003～11年）のときも、イギリスを批判したことは、私はありませんでした。

つまり、イギリスの責任というものから、私自身が少し目を背けてしまっていたというようなところがずっとあったわけです。

ただ、いまのイギリスに見られるのは、ひじょうに狂ったロシア嫌いの感情というものです。これは、あまりにも度を越しているということです。ひとりの知識人として、西洋にあるこのロシア嫌いの感情の発展というものも、しっかりと見ていかないといけないと思っています。

これは私の個人的な感情とは矛盾してしまうところもあるんですけれど、「やらなければならない」というふうに思っていまして、いま、イギリスの社会の分析も始めているところです。医療システムや、イギリスのリベラリズムの発展などですね。また、なぜここまで好戦的な態度に出るのかといったことも、イギリスに関して分析をしているところなんです。

なぜメディアはロシアが嫌いなのか

池上　なるほど。欧米がロシア嫌いである、反ロシア感情ということの背景には、「メディアがロシア嫌いだ」と、先ほどおっしゃっていましたね。そもそもなぜメディアは、反ロシア、あるいはロシア嫌いなんでしょうか。

トッド　これはまず、「ジャーナリスト、メディアが反ロシア感情が始まるスタート地点」というふうにとらえているということなんです。

最近、アメリカのサンフランシスコ州立大学教授、アンドレ・ツィガンコフ氏が書いた『ザ・ダーク・ダブル』を私も読んだのですが、この先生は２０００年代の西洋におけるロシア嫌いを研究したんです。そこでも、「反ロシア感情、ロシア嫌いの感情というのは政治家の間ではなくて、ジャーナリストたちの間で始まっている」と言っているんですね。

実は、ジャーナリストたちというのは、イデオローグ、思想家たちとはちょっと違うわけです。ジャーナリストという人たちのなかには、もちろん共産主義の人もいれば、リベラルな人もいれば、キリスト教系の人もいれば、全体主義がかった人も、さまざまな考え方の人たちがいるわけです。

ただ、そういった人たちが、統一したひとつの「ジャーナリズム世界」みたいなものを作り上げて、そこでひとつの「信仰みたいなもの」が生まれて、それが思想のようになっていった。そんな感じのところがあると私は思っているんですね。

要するに、共産主義、社会主義などのようなそういった流れ、思想のひとつとして、大文字Jがつく「ジャーナリズム思想みたいなもの」が、私は存在していると思うんです。

そして、そういった大文字のジャーナリズムという思想のなかでは、自由に対してひじょうに抽象的な考え方があったり、ちょっとエリート主義だったりとか。政治に対してもある種の信仰みたいなものもあったり、そしてロシアに対する敵対心もあったり、そういったものものそのジャーナリズム思想の、信仰のなかに含まれるんですね。

この、ジャーナリズムを思想ととらえるというテーマについては、実は、私もこれから重要な研究対象になってくるだろうと思っているところなんです。

また、ジャーナリズムと、それから寡頭制（少数者が国家の支配権を握る政治形態）の関係というのも、とても、常に重要ですね。一部の少数の人たちが権力を握るというような寡頭制というものが、ジャーナリズムとどう関係があるのか、ということです。

職業に対する信仰心と寡頭制、というテーマです。ジャーナリズムの世界が、フランスのなかでは強く寡頭制と結びつけられるような、そんな背景があるわけなんですね。

これは研究するべきだと思っています。

私は戦争が大嫌いなんです。ひじょうに嫌なんですけれども、ただ、このウクライナ戦争がこうして長期化していくなかで、自分自身が再び、いわゆる「研究者」に戻ってきているととても強く感じます。いろんな新しい研究テーマというものが浮かんできて、思ってもいなかったような、たとえばいま話した「思想としてのジャーナリズム界の研究」など、これから研究していくべきことが、次々と頭のなかに浮かんできています。

ちなみに、この「思想としてのジャーナリズム界」に関しては、日本についてどうかは、ちょっと私にはよくわかりません。

これは、日本の読者に判断を委ねたいと思うんですけれども、とりあえず、アメリカやイギリスでは同様のことが言えるはずなんです。

この問題の根本には「報道の自由」というようなものがあります。これはリベラル民主主義、自由民主主義のひじょうに根幹をなす自由のひとつだと私は思っています。また、メディアの多様性についても、とても重要な点だと思うんです。

ちなみに私もジャーナリストの息子なのであり、そういった意味でとても親近感のある世界ではあるんです。ただ、このジャーナリズムが、職業ではなくてひとつの信仰で構成されてしまうという点には、問題があると思っているんです。

つまり、職業ではジャーナリストたちはいろんな立場にあるわけですね。先ほども言いましたけれども、右派もいれば左派もいれば、さまざまな立場のジャーナリストがいて、いろんなジャンルの報道があると。それこそが多様性なわけなんですけれども、何かこう「信仰みたいなもの」が、ひとつのものに集約されていってしまうような傾向。それがあると、この報道の自由とか、多様性というものが守られなくなっていくというような傾向があると思うんですね。

先ほど言った報道の自由なども、ぼんやりしたようなもので、なんとなくみんなが、抽象的な「自由」という言葉に執着してしまう。そして言葉だけが一人歩きしてしまう、そういった傾向があるように思えますし、とても難しい問題なんですけれど、そうなっていくと多様性というものが認められない場所になっていってしまうという危険性があるわけです。

確かにプレスがあること、メディアというものは神聖なものだとは思うんですけれども、それを神聖化しすぎると、どうなっていくのか。ここにはいろんな問題もはらんでいると思うわけです。

みなそろって好戦的な報道機関

池上　私は、ロシアの独立系新聞「ノーバヤ・ガゼータ」の本社を取材したことがあるんですけれど、ノーバヤ・ガゼータの記者たちが次々に殺されていく。その結果、ロシア全体としてメディアが委縮していくという状況を、日本も含めて欧米のジャーナリストが見ると、ジャーナリストが次々に殺されていくロシアという国というのは、やっぱり嫌いになると思うんですね。

ロシアにおける報道の自由が抑圧されているから、欧米のジャーナリストは反ロシア感情を持つようになると私は思うんですが、その点についてはいかがですか。

トッド　そうですね、全体的におっしゃっているとおりだとは思うんです。というのも、確かにロシアというのは、政治システムとして、ジャーナリストたちの存在をまじめにとらえていないというところは、そもそもあるからです。

そして、それが極端な形で、ジャーナリストたちを殺すというようなことにまで至ってしまっていると思うんです。

ただ一方で、私自身フランス人として、そしてジャーナリズムの世界で生まれ育ったと言ってもいいぐらいなんですけれども、そういった反ロシア感情や、そういったロシアに対する敵対心というものは、ジャーナリストたちのなかでは、「ノーバヤ・ガゼータ」のジャーナリストたちが殺されるといったような行動がなされる前からあったと私は感じているんですね。

というのは、つまり、西側のジャーナリストたちは、ロシアでジャーナリストたちが殺されるということに怒っているだけではなくて、もともと、ジャーナリストという職業をまじめにとらえていないロシアに対して怒っているというふうに言えるんじゃないかな、と思うんです。

私はいま71歳ですけれども、25歳の頃からいろんなインタビューを受けてきました。それで45年間、フランスのジャーナリストたちと関わり続けて感じていることの一つなんですけれども、昔は知識人への礼儀みたいなものがしっかりとあったんですけれども、いまそれがすっかりなくなってしまったということです。

たとえば、テレビなどに出演すると、常に中断させられてしまうんですね、言っていることに常に口を挟まれて、ジャーナリストたちがスターだということを見せつけられる場になってしまっているわけですね。

ちなみに私はフランスの公共放送では出禁になってしまっているんですけれども、そういった意味でも、いまのフランスの報道というのはいかがなものか、ということも思います。なので、私が何か発言をしようというときは、聞き手のジャーナリストも、友人のジャーナリストに頼んで、昔のジャーナリストのように礼儀心を持って聞いてくれる人を選んでいるわけなんです。

確かにロシアというのは、もちろん私がロシアに行って報道機関で議論ができるかというと、まったくそうではないことはもう重々承知してますし、そのとおりだと思うんです。けれども、フランスのジャーナリストたちは政治家よりも自分たちのほうが上だと思っていて、もちろんそれはそれで正しい一面もあるとは思うんですけれども、そういった状況があるんです。

さまざまな国において、その国の職業に対する威信や、どうやってリスペクトされているか、みたいなランキングがあったかと思いますが、「軽蔑されている職業」のなかに、ジャーナリストと政治家というのが上位で出てくるんですね。私にとってこういった状況というのは、実は認めるのがひじょうに難しいことなんです。というのも、私の父もジャーナリストですし、祖父も小説家ポール・ニザンで、共産主義のジャーナリストでもあったからなんです。

私はジャーナリストたちが無礼になってしまったのは、その資本力の問題なのかな、と思ったりしていたんです。そういった背景があるから、こういった無礼な行動に出るのかなとも考えていたのです。

ですが、先ほど述べました「ロシア嫌いの感情はジャーナリストから始まっている」といった研究の内容を見てからは、実はこういった、ジャーナリズムという職業に思想的なものというのがあるんだということを認めざるを得ないのかなと思うようになりました。

私の父は左派のジャーナリストでしたし、ポール・ニザンは共産党でしたし、昔はさまざま、中道とか左派とか右派とかいろいろあったんですが、そういった個々の思想はいまはなくなってしまっていると思うんですね。

私は、これはひじょうに緊急のテーマだと思っています。というのも、ドイツの知り合いに、戦車の「レオパルト2」をウクライナに送るということに関して、ちょっと調査を頼んだんですけれども、実はいろいろと調査をしてみると、意見というものがとても分断されているということが見えてきたんですね。

たとえば、ＳＰＤ（ドイツ社会民主党）なども、反対派と賛成派で50％対50％くらいだったり、実はひじょうに好戦的な「緑の党」も党内で意見が割れていたりとか。そしてドイツの一般の人々のなかでも意見は割れているわけです。

けれどもプレスはどうかというと、みなそろって好戦的なんですね。戦争に戦車を送ることにそろって賛成をしているということなんです。

私は研究者ですけれども、もちろん一人の市民でもあります。

そういった意味で、これからこの戦争や暴力をさらに広げてしまうことは止めなけれ

ウクライナ兵らはスペインで、ドイツ製戦車「レオパルト２」の操縦訓練を受けた＝2023年３月13日、ロイター／アフロ

ばいけない、と思うんです。けれども、そういうなかで「ジャーナリストたち」という存在が、実は問題化してきているんではないかということは言えると思っています。

たとえば、フランスではエマニュエル・マクロン大統領が、そうやって戦争にどんどん向かっていこうとするジャーナリストたちの、その圧にどれぐらい耐えられるか。そこも問題になっていくのではないか、と思いますね。

池上　「ジャーナリストたち」にも、実は問題があるのではないか。ひじょうに興味深い視点ですね。まったくの余談ですけれども、私は20代のときにポール・ニザンの『アデンアラビア』を読みまして、冒頭の「ぼくは二十歳だった。それがひとの一生でいちばん美しい年齢だなどとだれにも言わせまい――」という一節に参ってしまったということも、感想として、ひと言だけお伝えしておきます。青春とは何か、若さとは何かを考えさせる文章だったからです。

第2章
終わらない戦争

池上　トッドさんは、ロシアとウクライナの戦争の状況を、どのように見ていらっしゃいますか。

これまでも「ロシアが2月に大攻勢をかけるのではないか」、あるいは「ウクライナは4月に、ロシアに対して大攻勢をかけるのではないか」など、見通しについてはさまざまな報道がされてきました。4月にはバフムートの戦いで、ロシアは失速気味という報道がされていました。現在の状況について、感じるところはありますか。

トッド　私がこのウクライナ問題で参照するのは、イギリス、アメリカのアングロサクソン側のソースなんです。基本的に、イギリス、アメリカからのニュースなどを見て、私は情報を得ています。

そしてもう一つ、お断りしておきたいのは、私は軍事の専門家では全くないということなんです。そのうえでですが、確かに「これからロシアが大攻勢をかける準備をしている」とか、「ウクライナも準備をしている」というようなことはそのつど、よく聞かれていましたね。「それに対して、ロシア側も人員を秋ごろから集め始めていた」というようなことも聞かれて、実際に、そういうことはあったのだろうと思います。

アメリカのバイデン大統領は、ウクライナに供与している対戦車ミサイル「ジャベリン」を製造するロッキード・マーチン社の工場を視察した＝2022年5月3日、ロイター／アフロ

ただですね、アングロサクソン側の国々が、ウクライナのその状況をあまり信用できていないようなところが、最近見え始めているとも思っています。

確かに、ウクライナは人員集めに一生懸命になっているのではないかと見ています。というのは、そういったウクライナを支えるアメリカが、軍需品の供給で難しく、困難になっているという側面があると私は考えています。

大砲ですとか、それからすでに供給も始まっているミサイルもですけれども、そういった軍需品を供給し続けることがだんだん困難になっているというのが、アメリカ側の状況なんですね。

なので、ひじょうに大きな心配事があるとしたら、それはロシアの生産力というのがアメリカのそれを大きく上回ってしまうのではないかと。そういったところが西洋側の大きな心配事なのかなと、私は感じています。

また、そのアメリカ側ですが、問題はこの戦争が長期戦になってしまうということが、アメリカにとって果たして利益があることなのかどうか、という点です。

もしかしたら、アメリカにとって良くないのではないかといったような、そういう考え方も生まれ出てきています。

そして、アメリカのそういった懸念については、地政学の分野ではいま、議論が大きく分断されていると私は見ているんです。とくにネオコン（アメリカにおける新保守主義）の地政学者の人たちは、「アメリカはもっと戦争へ行くべきだ」というふうに言っているんですけれども、一方、そうではない人々もいると私は思っています。

そして、もう一つ重要な点はドイツの態度です。ひじょうに「迷い」が見られるドイツ。これがもう一つ重要な点になってくると思うんですね。

戦車「レオパルト2」の供給の問題を見ましても、アメリカとの関係性がこれからどうなるのか。それがひじょうに重要な点になってくるのではないか、と考えています。

そもそもウクライナ戦争において、EUの実質的な盟主であるドイツを「ロシアから引き離す」ということを、アメリカは目的としていたというようなところがあるわけです。

ドイツにとっては、アメリカというのは果たして味方なのか敵なのかというような問題も、そこには含まれていると思います。

西洋側が抱えている問題というのは、「ドイツとアメリカの連帯性がどうなっていくのか」という点も大きいわけですね。

それから、アメリカの軍需品などの生産力ですね。これは、グローバリゼーションによってあまりにも大規模に産業基盤の移転を進めてしまったがゆえに、兵器の生産力、工業力というものがアメリカはひじょうに低下している。そのことで、この長期戦に耐えうるのかどうか、という問題があると思います。

一方のロシア側ですけれども、私は「ロシア側の問題」というものは減ってきていると、ロシアのほうが安定はしているのではないか、というふうに見ています。

これまで人々が理解していなかったことの一つが、「ロシアの経済力が意外と安定している」ということ。これは、西洋側がとても驚いた点なんですね。

そしてもう一点、ロシアと中国の関係というのが、西側のみんなが思っていたよりも意外と深いものだったことです。その点が、ロシアをより、安定化に向かわせていると見ています。

いま、お話ししたようなアメリカの産業戦略の側面での問題を指摘したレポートも出ているんです。やはり、これからの国と国の勢力争いというのは、生産力に注目するべきであって、それは軍事力ではないという私の考えが改めて認められつつあるようにも思っています。

そもそもアメリカの「勢力」というのは少し、幻想のようなところがあるんです。というのも、GDP（国内総生産）でよく人々は物事を語るんですけれども、このGDPというのがアメリカに関してはひじょうに怪しい。

たとえば、「高額な医療費の半分」「弁護士の活動によって生み出される富」「世界一の収容人数である刑務所」「1万5千人から2万人存在する平均年収12万ドル（約1600万円）のエコノミストたちの『成果』」といったサービス部門のGDPは定義があいまいで、これを差し引けばＧＤＰのかなりの部分は「水蒸気」でしかありません。ＧＤＰはリアル経済に基づいておらず、「生産力」を測る尺度としては効力を失っていると、私は思っているからなんですね。

やはり、これから重要な課題になってくるのは、アメリカの産業生産力なのかなと思います。

そして、第２次世界大戦との違いなんですけれども、第２次世界大戦のときは、アメリカは世界の産業生産の約半分以上の割合を占めていたわけですね。しかし、いまは全くその状況が変わって、そういった意味では、その力は中国側にすっかり移っているという点が大きな違いです。

第3次世界大戦はもう始まっている

池上　トッドさんは22年から、ウクライナ戦争によって「第３次世界大戦はもう始まっている」ともおっしゃっています。どうしてそういうことが言えるのでしょうか。

それ以外の国
（人口上位20カ国以外は国名省略）

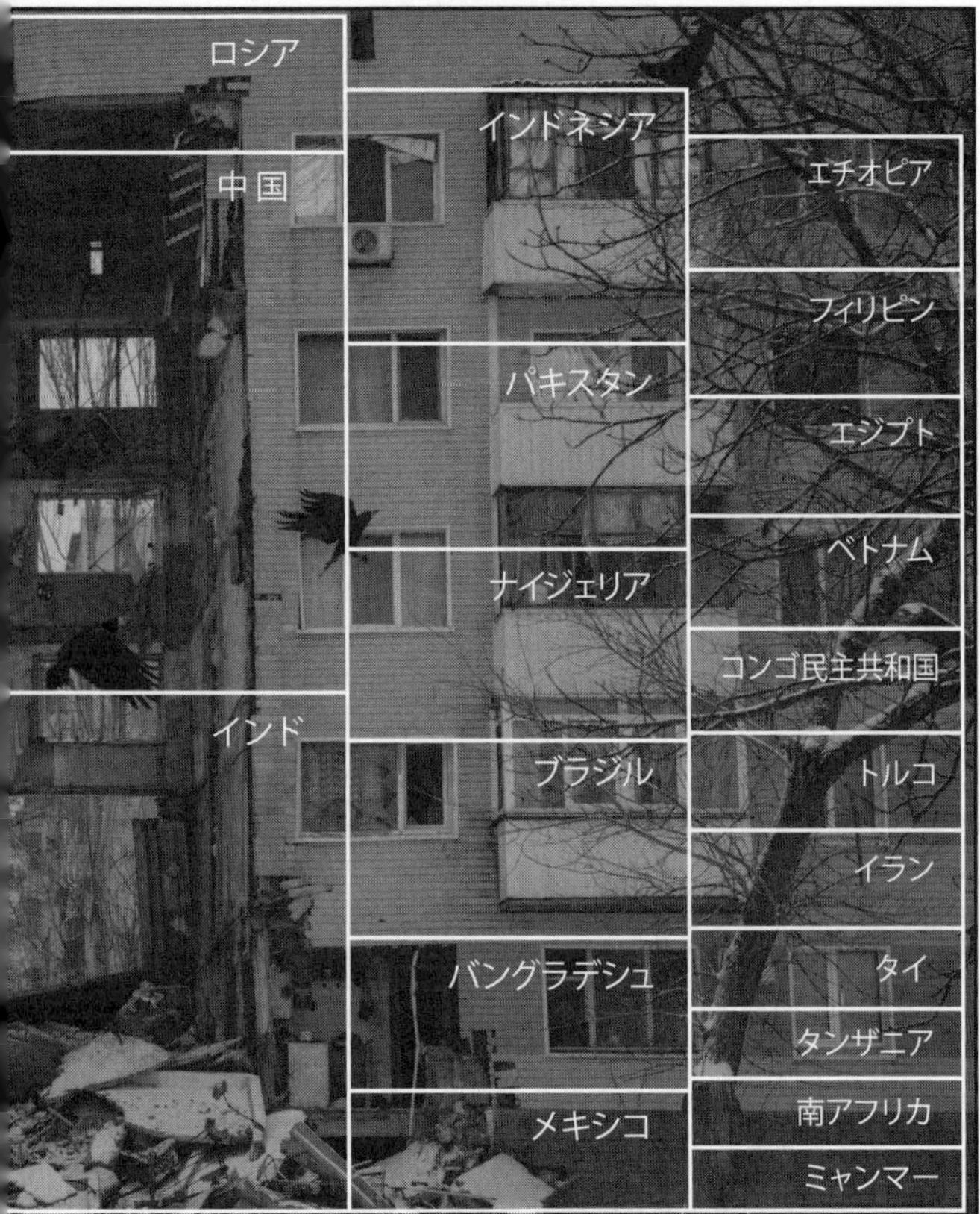

図3 ロシアを制裁している国・していない国

ロシアに制裁を科したとして
ロシアが指定した「非友好国」49カ国・地域

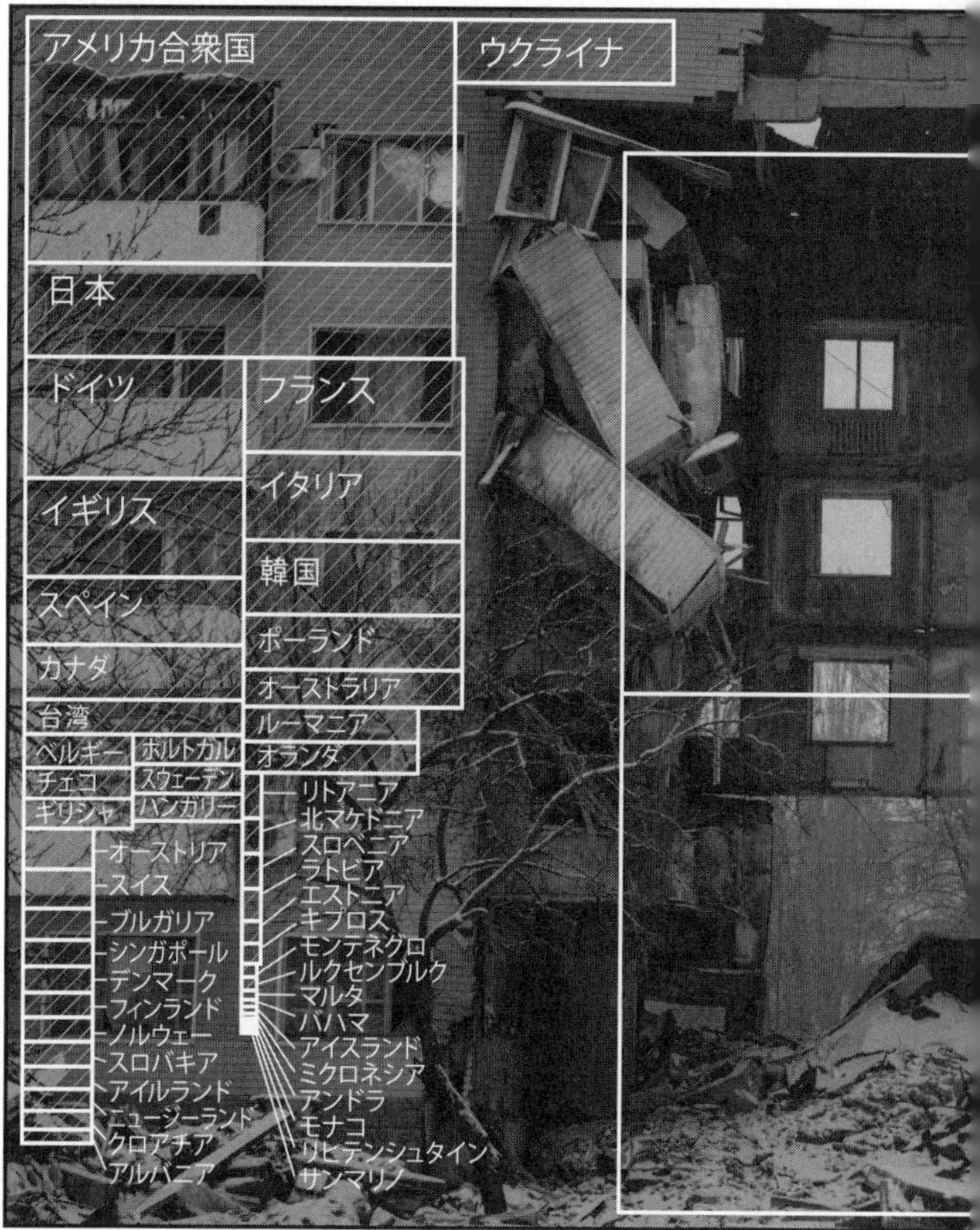

□の大きさは2020年の推計人口を表す。総務省統計局のホームページから

トッド　ロシアとウクライナ2国間のこの戦争が、世界大戦に発展するのではと心配している人は多いと思います。でも、もうすでにアメリカを中心とする西側とロシアの間で展開されている世界戦争、という段階に入っていると見ています。

そしてそれは「まず経済面から始まった」とも言えると思います。

ウクライナへの爆撃で市民の多くが殺されていることはもちろん、まさに戦争という状態なのですが、ヨーロッパやアメリカがロシアという国を経済的に、最終的には社会的にもつぶすという目的で始めた経済制裁もまた、戦争の一端であるわけです。

この経済制裁に、ロシアは耐えています【図3】。その後ろには中国やインド、それからもしかしたらサウジアラビアなどの国がいるわけです。

そして、この対立、戦争が、こうしてヨーロッパの制裁が失敗することによってさらに広がっていった。つまり経済面で広がっていっているわけですね。そしてこの経済の問題というのは、今は西ヨーロッパのほうでも、その影響がひじょうに感じられるようになってきているわけです。

この「制裁のメカニズム」というのは、その本質からして、自然と広がっていくものなんです。それを広げるために、世界に対して、それぞれの国に立場を取ることを求めたりするのが制裁なんですね。そういう意味では、制裁の失敗というのは世界システムというものにとって、ひじょうに危険だったのではないかと思います。

池上　確かに、いまだにロシアの経済が安定していることは、西側が驚いている点だと思います。これはなぜなのでしょうか。

トッド　実は経済のグローバリゼーションが進んでいくなかで、「生産よりも消費する国＝貿易赤字の国」と「消費よりも生産する国＝貿易黒字の国」との分岐がますます進んでいるんです。ロシアはインドや中国とともにまさに後者の代表で、天然ガスや安くて高性能な兵器、原発や農産物を世界市場に供給する「産業大国」であり続けています【図4】。

一方で、前者の貿易赤字の国とはアメリカ、イギリス、フランスなどです。財の輸入大国としてグローバリゼーションのなか国の産業基盤を失ってきている。つまり互いに科している経済制裁は、消費に特化したこれらの国のほうにむしろマイナスに効いてくる可能性があるわけです。

図4　**ロシアの主な輸出品**

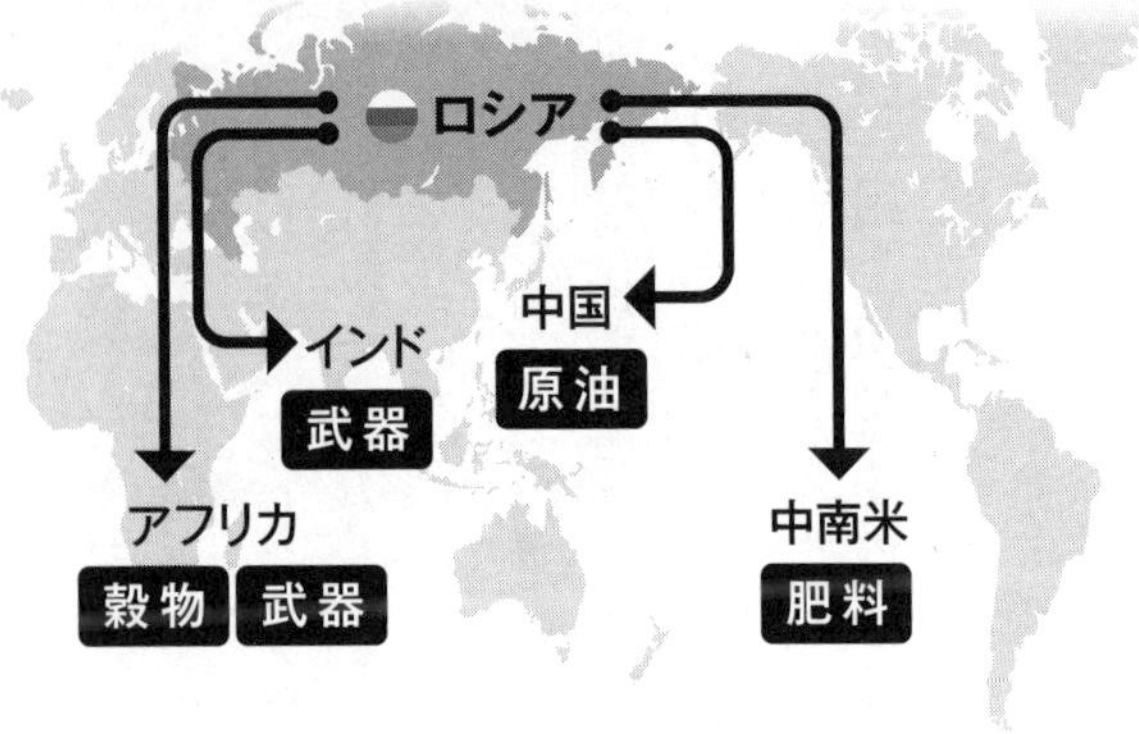

一種の神話的な立場だった「経済大国アメリカ」は、いまは生産力の点で非常に弱体化してきています。１９４５年時点でアメリカは世界の工業生産の約半分を占めていましたが、いまは違います。ウクライナ戦争はロシアにとって死活問題であると同時に、アメリカにも大問題なのです。

先ほども少し触れましたが、アメリカの生産力でとくに問題となってくるのが「兵器の生産力」です。

この先、ウクライナ戦争が長期化したとき、工業生産力の低下するなかでウクライナへの軍需品の供給が続けられるのか。むしろロシアの兵器生産力のほうが上回っていくのではないか。

そこは西側としては心配な点でしょう。
ただそれでも、アメリカはこの戦争から抜け出せないのではないか、とも言えると思います。アメリカがこの戦争から抜ける、それはアメリカにとって「ウクライナへ供給する兵器の生産力が追いつかなかった」という点で、「負け」を意味するからです。

池上　その世界大戦に巻き込まれた形のウクライナですが、トッドさんは戦争が始まる前の段階で、ウクライナは破綻《はたん》国家であり、国家としての体をなしていないとおっしゃっていました。
ただ、戦争が始まり、その真っただなかで政府の汚職高官が追放されるなど汚職撲滅の動きもあるようです。国としてのまとまりが全くなかったウクライナが、ロシアの攻撃で自分たちの土地を守らなければならなくなったという、きわめて皮肉な形ではありますが、むしろウクライナの民族意識が深まってきた。この戦争をきっかけに国家として成立しつつあるようにも見えるのですが。

トッド　そのとおりだと思います。この戦争によって国家意識、国民意識が強化されている面はあるでしょう。戦争前は、私はウクライナの国家意識がどれほど強いのか疑問に思っていたのですが、軍事的に非常に耐えている姿を見て、その意識が強くなっていると認めるようになりました。

ただ、ウクライナにおけるロシア語圏は、この戦争によって崩壊しつつあるのではとも思っています。ロシア語圏にいる中流階級がどんどん国外に流出しているからです。中流階級がいなくなった国は崩壊していく傾向があります。国家意識、国民意識というのはウクライナ語圏で強化された、と言えるのではないかと思います。

一方で、ご指摘のように国内のさまざまな汚職に関して、いろんな、謎の多いことが行われているようなんですね。いま、「汚職撲滅に取り組んでいるように見える」とおっしゃいましたけれども、たとえば、辞めさせられた人々の、その国のなかでの立場的なものを見てみると、かなり粛清に近いような、なんとなくソ連時代的なものを感じてしまうわけです。

そういうやり方で汚職に対処しているとしたら、これはウクライナ政権が危機的状況にあるということを明らかにしているだけのことであって、ウクライナがこれからしっかりとした民主主義の国になろうとしているというようには、私は解釈できないんじゃないかなと思いますね。

池上　ウクライナ戦争が始まる前には「ウクライナって、やっぱり破綻国家だ」と思っていたトッドさんも、極めて皮肉なことですけれど、侵略を受けてしまったことによって国家のまとまりというものが出てきた。あるいはウクライナが民族主義的に団結心というのが出てきたということを、お認めになったのは印象的です。

ポーランドのロシアに対する憎しみ

池上　ところで、トッドさんはウクライナ戦争の今後において、「ポーランドに要注意だ」とおっしゃっていますね。

たとえば、ウクライナの西部、つまりリビウなどのいわゆるガリツィア地方というのは、かつてポーランドが支配していたことがあります。将来、ウクライナがこの西部はポーランド、東部はロシア、そして真ん中のキーウ、ドニプロ川の辺りがウクライナと、要するにウクライナが3分割されてしまうという、そういう未来も見えてくる気がする

ポーランドのドゥダ大統領（左）はキーウを訪問し、ウクライナのゼレンスキー大統領と会談した＝2022年8月23日、AP／アフロ

んですが、可能性はあるんでしょうか。どのようにお考えですか。

トッド　そうですね。今後どうなっていくのか、ウクライナの将来、未来のことは、ひじょうに見えにくいところがあるんですけれども、3分割されるような未来はないんじゃないかと今は思っています。

というのも、親ロシア派勢力が支配するウクライナの極東部、いちばん東の部分に関してはわからないですけれども、ポーランドについていえば、最も重要な点は、「ロシアに対する憎しみ」なんですね。

この2国は歴史的にもずっと敵対関係にありました。1795年にはロシア、プロシア、オーストリアの隣接3国に分割され、国家が消滅して帝政ロシアの支配下に置かれたり、第2次大戦ではソ連とドイツに分割占領されたりしました。

ロシアというのは、専制主義で、暴力的であって、どんどん強くなっていった国なんですね。そしてどんどん拡大を進めていきました。

一方で、ポーランドはどんどん分断が進んでいきました。そのような長い経緯のなかで、ポーランドというのは、ロシアに対する憎しみを深めていったという歴史がありま す。

その憎しみというのがひじょうに強いので、ウクライナを占領するということに対しては、そこまで思いがないんじゃないかな、というふうに私はいまは見ています。

それよりも、ウクライナがポーランドによる支配も含めて三つに分裂するかどうか以上に問題とすべきなのが、この戦争の「西側対東側」という構図がどこまで明確になっていくのかです。具体的に言えば、「はたしてポーランドが戦争に参加するのか」がこれからの大きな焦点になってくると見ています。

先ほど述べたようにポーランドには特殊な反ロシア感情があります。歴史的にもウクライナの一部がポーランドだったこともありますし、いまも数千人のポーランド人兵士がウクライナ側で戦っていると言われています。しかもポーランドからドイツ製の戦車「レオパルト2」が供給されたので、また状況が大きく変わるでしょう。

そもそも戦車を供与するにあたっては、戦車が数カ月ほどかけてウクライナに届いてから、操縦士が運用技術を習得するのにまた数カ月間かかるという問題があります。でも、もし戦車の操縦士がポーランド人なら、もう少し早く攻撃を始めることが可能になる。そうやってポーランドがこの戦争に食い込んでくるようなことになると、ウクライナの分断よりもより問題が大きくなっていくと思います。

いままでは、ウクライナというのはアメリカとイギリスのツール（道具）のようなものので、ウクライナの民主主義化とか、ウクライナが得る自由とか、そういった問題はアメリカにとっては副次的なものでしかありませんでした。そういったことで、いま、ウクライナ人の西側に対する感情というのも、どんどん変化してきていると思うんですね。言えることは、戦後のウクライナにはひじょうに悲劇的なものが待っているのではないかということです。全ては破壊され、復興はとても困難でしょう。そこでアメリカが何か手助けするかと言うと、そうは思えませんから。

好戦的になりつつある
バルト3国と英米

池上　このウクライナ戦争は今後、どのように広がっていくのでしょうか。

トッド　最も重要なのはポーランドに加えて、バルト3国、イギリス、アメリカがどう動くかです。これらの国がいま、ひじょうに好戦的な姿勢に変わってきつつあります。

そのときに問題になってくるのが「加盟国の一つに対する攻撃はNATO全体への攻撃とみなす」とする北大西洋条約の第5条です。そこで、もしロシアがポーランド、バルト3国、イギリス、アメリカのいずれかを攻撃したら、フランスははたしてどうするべきか。私としては、これらの国と連帯する必要はないということを今から明確にしておくべきだと思います。

また、ポーランドについて、ウクライナ問題をさらに深刻化させるようなことをしたらNATOとしても連帯はできないということを明確にわからせるべきではないかと考えています。

池上　NATOやEU（欧州連合）は共同歩調が乱れてバラバラになってしまう可能性が高くなるということでしょうか。

トッド　いますぐにそうなるというわけではありませんが、アメリカやイギリス、ポーランドなどの好戦的な態度が、NATOやEUの真の連帯性について改めて考えさせられることにつながっていくと思います。

たとえば、ドイツは戦車の供与をめぐって最初は慎重な姿勢を見せ、迷いが見られました。各国にプレッシャーをかけられ、ある意味で被害者であるとも言えると思います。ドイツが今後どういう態度に出るのか、こういったプレッシャーに屈し続けるのかどうかといったことが、焦点の一つになってくるでしょう。

そして、ドイツがこれからどういうふうな態度に出てくるのか、アメリカもドイツの動向をひじょうに気をつけていると思います。その行きつく先として、NATOやEUがバラバラになっていくこともあり得るとは思います。

ここで、ちょっとSFというか想像の世界の話をしてみたいと思います。

このウクライナ戦争のアメリカの裏の目的というのが、結局はドイツの海底天然ガスパイプライン「ノルドストリーム」を壊すことであって、そしてドイツがウクライナに戦車を送ることで、ドイツとロシアの決別を決定的にすることであったといったような背景があって、それをロシアも理解したとします。

そして、一方でアメリカというのはもうすでに工業生産力が弱まってしまっていると。こういった世界を想像してみると、もしかすると、ドイツが今度はロシアに保護を求めるというようなことが、あり得るかもしれないですね。まあ、これはあくまで想像の、SFの世界ですけれど。

池上　なんだか奇想天外ですね（笑）。でも、頭の体操にはなります。

ところで、中国の習近平（シーチンピン）国家主席が23年3月20日にロシアを訪問して、プーチン大統領と会いました。この動きを、どのようにご覧になっていますか。

トッド　まず、このウクライナ戦争という事態に関しての分析というのは、ひじょうに難しいということから話を始めなければならないと思います。

つまり、手にできるデータというのは、不完全なものばかりです。分析の元にするものは、確固たるデータというものが不完全であるがゆえに、いつも以上に論理的な思考に頼るしかないわけなんです。ですので、ここからも、いくつかあるデータによって、合理的な仮説を立てて、分析を進めていくしかないということになります。

まずこの戦争がどういった段階にあるかということについて、整理して簡単にお話しさせてください。

ロシアの状況は安定してきています。つまりロシア経済というものが、非常に耐久力を見せたということなんですけれども、なぜ耐久力を見せたのかといいますと、これは多くの非西洋社会が、非西洋国家が、西洋諸国によるロシア制裁に「続かなかった」ということがあります。

つまり多くの国々が、西洋よりもロシアのほうに近い感情を持つ、あるいは中立の立場を取っているということです。ここには、こういった中立の国が、「西洋による秩序というのは認めない」という、そういう考え方を持っていることがあると思います。

そして次に軍事面です。ロシアがこのウクライナ戦争を経て理解してきたことというのは、ウクライナが軍事面において、ひじょうにNATOに支えられているという現実です。

図5 ウクライナ戦争による死傷者数 朝日新聞から

ウクライナ軍

死者 1万～1万3千人
（ウクライナ大統領府長官顧問、22年12月）

死傷者 10万人以上
（アメリカ統合参謀本部議長、22年11月）

ロシア軍

死者 5937人
（ロシア国防相、22年9月）

死者 1万1662人以上
（BBC、メディアゾナ、23年1月）

死傷者 10万人以上
（アメリカ統合参謀本部議長、22年11月）

ウクライナ市民

死者 1万6502人（ウクライナ警察当局、23年1月）

死者 7031人（国連人権高等弁務官事務所、23年1月）

負傷者 1万1327人（国連人権高等弁務官事務所、23年1月）

そしてロシアは、戦争経済という段階に入っていったわけなんですけれども、この戦争はもう消耗戦と呼べるものになってきていて、つまり、たくさんの兵士が亡くなったりしているわけです【図5】。また資源面においても、たとえば軍事品、大砲などそういったものがひじょうに重要になってくるわけです。そして、大事なのはこの分野において、ロシア側も西洋側も、西洋の弱さ、とくに「アメリカの弱さ」というものに気がつき始めているということです。

これはなにもアメリカがロシアをだますために、わざと自分たちを弱いと見せているというようなことではありません。この資源面におけるアメリカの弱さというものは、さまざまな研究所などがそれを証明しているので、確かなことと言えるとは思います。

そして、ここからが中国の話です。

アメリカのその生産面における弱さに対して、いま、「中国の参加」ということが明らかになってきたわけです。

グローバル化した世界のなかで、例えば工作機械の分野では、中国は約30%を占めています。一方で、日本は約15%、ドイツもだいたい同じ約15%。イタリア、アメリカに至っては7%、8%なんですね。

要するに、これは仮説ですけれども、アメリカやNATOの国々が負けるという可能性も、そこには見えてくるわけです。

そして、その中国の態度ですけれども、中国はこのウクライナ戦争が始まった時点から、常にロシアを支えるような立場であったわけです。というのも、ロシアが負けてしまえば、アメリカは次は中国を攻撃するだろうということが、中国にはわかっていたので、ロシアを支えるというような立場にいたわけです。

そして、これもあくまで私の仮説なんですけれども、中国がここ最近、態度を少しずつ変えてきているというのは、アメリカ、NATO側が、この戦争に負けるかもしれないということに中国は気づいてきた。そういうふうに思っているんじゃないか。そういう仮説が立てられると思います。

つまり、中国はこのウクライナ戦争に関して、アメリカなども含めて、この戦争が台湾まで広がることで決着がつくのではないかというふうに、最初は見ていたと思うんです。

けれども、ここ最近はだんだん、「もしかしたらこの戦争は台湾までこないかもしれない」「ロシアとウクライナの地で終結が迎えられるのかもしれない」というふうに見ているのではないかと思うのです。

ロシアと中国の関係というのは、中国がウクライナ戦争に関しては中立的な立場というところから、まさにいま起きている習近平のロシア訪問などのように、「直接的な関わり」に変わってきています。そのことはつまり、ロシアが、経済制裁のようなショックにうまく耐えたということ。それが証明されたということでもあると、現時点では言えると思います。

さらにもう一点、指摘するとすれば、もしこの戦争が、本当に産業生産力の面での戦争という形になったとしたら、そしてアメリカが本当に産業面で苦しんでいるということに、つまりたとえば、爆弾や大砲を十分に生産できないという状況になったなら、アメリカはもしかしたら、同盟国の工業国にプレッシャーを、より圧力をかけるようになるのではないかと思います。

それはどこの国かというと、ヨーロッパではドイツ、そしてアジアでは韓国や日本、とくに日本です。

というのも、アメリカ側についている国のなかで産業国家といえば、日本とドイツだからなんです。それゆえに、アメリカがこれらの国にもしかしたらプレッシャーをかけ始めるのではないかと、私は考えるわけです。

仲介案を出した中国の目的

池上　おっしゃったように態度を少しずつ変えてきている中国は、23年2月24日にロシアとウクライナの、停戦に向けての仲介案を出しました。これをどのように評価するのか。あるいは、そこでの中国の狙いは何なのか。その二つについてどう見ますか。

トッド　仲介案を出したことについての、中国の真の目的とは何か。それはおそらく世界レベルにおいて、「中国は仲介国である」というふうに、自身を位置付けたいのではないかと思います。

たとえば、23年3月10日に、外交関係を断絶していたサウジアラビアとイランが、中国の仲介で外交関係を正常化することに合意しました。サウジアラビアの同盟国であるアメリカは蚊帳の外でした。ともかく中国は、自分が「中立的な仲介国である」と、そういうふうに位置付けたい。それが目的なのではないかと思います。

この「地政学ゲーム」の中に中国が入ってきたという状況は、なぜかというと、先ほども触れましたがやはり、「ロシアがこの戦争で負けることはないだろう」とわかったからだと思いますね。

つまり中国は、アメリカがだんだんと「傾いていく」というふうに見ているわけです。そんななかで、中国は世界政治のできるだけ中心に近寄りたいというような思惑があっ

中国の習近平国家主席（左）はロシアのプーチン大統領と首脳会談をした＝2023年３月21日、モスクワ、ロイター／アフロ

て、だからこそのあの行動だと思います。

そして、そのような文脈のなかで、中心に近寄るための方法の一つが「平和」という言葉を使ったやり方だったわけですね。このやり方でしたら、いろんな形で、たとえばサウジアラビアなどにも近づくことができるわけです。

そしてこれは、実はアメリカが昔していたのと同じようなことなんですね。

世界的なアクター（役者）の一つとして、中国はできるだけ、機会があるたびに、アメリカに「取って代わろうと」しているのではないか、と言えると思います。そのための和平案だったわけです。

ただし、あれが真の和平案なのかというと、やはりそうではなく、思惑があっての和平案なのだと言えます。つまり、このウクライナの戦争を機会に、ロシアがアメリカを潰してくれるのを、一つの良い機会だというふうに捉えているというわけですね。

ですので、「真の和平案」というのはそこにはないと、私は考えます。

中国とロシア、この同盟関係の目的は、NATOを潰すことですね。そしてそれもやはり、アメリカの産業界が非常に弱くなっているというようなことも、すでにわかっているからなんだろうと思います。

つまり整理すると、中国の今回の行動は、二つのレベルで解釈ができるということです。

一つ目は、この戦争自体においては、ロシアの支えになるように中国は動いています。それは、ロシアが潰れてしまったら、次は自分がとばっちりを受けるから。まず、これが一つですね。

そして二つ目のレベルは、もう少し長期的な観点から考えると、中国はいまの世界の均衡を守るものは自分＝中国なんだと。そういうアクターとして、自分自身を位置づけ始めているというふうに見ることができると思います。

中国国営の「環球時報」などを読むと見えてくることがあります。アメリカは確かに中国の敵、対立する相手国ですけれども、それに対して中国が何を求めているかというと、アメリカを敵としつつ、世界の平和を求めているということが見えてくるのですね。そして、平和と国家の主権を維持することを求めるという立場です。

アメリカが、これまで世界のなかで、一種のヘゲモニー（覇権国）として、それを維持するということを1990年代から今日まで、ずっとしてきたわけです。

そして作り上げたのが、一極化された世界です。アメリカが、そういった時代を築き上げたわけですけれども、それが今、少しずつ、退行しつつあるというのが現状です。

アメリカはまた、それと共に、非常に軍事主義的な国でもあります。それは、アメリカ自身の歴史を見てみるとわかるんですけれども、外国との直接の戦いを、自分の地でしたことがないというところが決定的な点です。

たとえば日本やフランス、中国、ドイツもそうですけれども、自分の地で戦争を経験した国というのは、実際に何百万人もの人を亡くしてしまった国というのは、戦争に対して非常に強い嫌悪感だったりというものが存在するんですけれども、アメリカの歴史学者や地政学者の文献を読んでいると、少しそれとは異なる視点があるということに気づかされます。戦争を、一種の興味深い対象としてのみ見ているということに気づいて、フランス人の私などは驚くわけです。

だからこそアメリカは、リビアへの空爆（1986年）やコソボ紛争の軍事介入（99年）、イラク戦争やアフガニスタンへの侵攻（2001〜21年）など、あちこちで戦争をしてきたわけです。それは常に、自分よりも弱い敵でした。負けることすらありましたが。まあそれは置いておきまして、とりあえず世界のあちこちで戦争をしかけているというわけです。

確かに中国は、戦略面で、潜水艦も生産できるし、非常に上昇しつつある工業国家、産業国家なわけですけれども、そのような国がアメリカ的ヘゲモニーというものを疑問視しているという状況があるわけです。

しかし一方で、中国が世界制覇を狙っているのかというと、ロシアも同様ですけれども、それはありません。

中国は全体主義であり、ロシアは権威主義的な民主主義というふうに見ることができます。これらは確かな勢力ではあって、アメリカに敵対する対抗勢力なんです。けれども、アメリカのヘゲモニーをつぶすというのが大きな目的ではありこそすれ、ではその目的がいったん果たされたあとに、中国なりロシアなりによる別のヘゲモニーが現れるのかというと、そうではないんです。それぞれの国家の主権というものを守ろうというふうになっていくはずなんですね。

中国が世界を制覇するというようなことはあり得ないでしょう。これは中国のひじょうに低い合計特殊出生率や大量の人口流出など、人口動態の面から見ていくなかで、あり得ないだろうと私は思っているわけです。

ロシアと中国は戦争継続に意義がある

いま、ウクライナ戦争が安定化という段階に入ってきているわけですけれども、ロシアも軍事面で、少し持ち直しているかのように見えています。

私の個人的な、ちょっと悲観的な見方をお話しすると、ロシアと中国は、いまこの戦争をやめることに対して、全く利益がないわけですね。続けることにこそ意義があるといいますか。逆にアメリカは、自分のしかけた罠にハマってしまったような状態にいます。

ロシア経済というのが、非常に持ちこたえてしまったからというのも理由の一つです。そして、アメリカのネオリベ（新自由主義）思想が、自分自身の国の工業的な弱さという問題について全く見えていなかった、盲目的だったということも、大きな問題の一つなわけです。

ロシアと中国はいま、そんなアメリカを「つかんでやった」と思っているはずなんです。そして、このアメリカ的へゲモニーを崩壊させるのはいまだ、これが機会だというふうに考えているはずです。

戦争が近い将来、どうなっていくかということですけれども、ロシアと中国に関しては人口的な面、人的資源の面で、だんだんと人口が減っていってしまうという状況が、あるときくるわけです。

ロシアの人口ピラミッドを見てみると、だいたい5年後に、人口が減るという時期がきます。そして、これから10年ぐらいで中国も、労働人口の30%が縮小すると言われています。

なので、ロシアや中国にとってはいまが、アメリカのヘゲモニーを崩壊させるチャンスといいますか、いちばんよい時期だというわけなんです。

その一方で、これはさまざまな研究所が発表している研究結果も存在しますが、アメリカにとってはこの戦争が長期戦になることは、全くいいことではないというふうに見られています。

ここで西側とロシアを比較するもう一つの重要なポイントというのを話してみたいと思います。

ただその前に、私自身、いろんな情報が非常に不完全であり、悪い情報もたくさんあるので、これらのことは予測といいますか、そういうレベルにとどまってしまうという点があるんですね。

たとえば、フランスメディアのものは、本当に到底使えないものばかりです。ロシアは狂っているとか、プーチンは狂っているだのモンスターだのっていうような話がひじ

ウクライナのバフムートで破壊された車＝2023年４月10日、ロイター／アフロ

ょうに多いなかで、使える情報はひじょうに少ない。そして、イギリスも、これはフランスよりももしかしたら悪いかもしれない。そういう状況があります。アメリカのメディアに関しては、ひじょうに多元的ではあるんですけれども、道徳的な告発のようなことに情報が傾いているということは言えます。

というわけで、例えばバフムートの戦いなどに関しても、いろんな正反対の見解があるなかで、確実なことが言えない。私自身、なかなか確信が持てないという状況は、いままであまりなかったことです。

もしかしたら自分は間違ってしまう、つまり予測していることが「間違いだった」となることも、大いにあり得るだろうというふうに感じるほど、確信が持てない状況がいま、あります。

その前提で、いろんな評価をしていくために見ていくべき点としてお話しすると、その国の指導者のタイプはどのようなものがあるのか、どういったタイプの指導者がいる国なのか、という点を見るのは大事なのかなというふうに思います。

まずロシアですが、ロシアの指導者層はひじょうに自分たちを信じているというような状況がいま、あるように見えます。

たとえば、産業界に向けてプーチン大統領が、少し前に冗談のようなことを言ったんです。アメリカの小説家マーク・トウェインから借用して、「私の死のうわさは大げさである」というようなことを言ったわけですけれども、こんな冗談が言えるぐらい、いまは落ち着いているロシアというものが見えてきます。

一方で、西洋は全くその逆です。ヒステリックで、ばかげた決断ばかりをしているというふうに見えるわけです。

23年3月17日に国際刑事裁判所（ＩＣＣ）が、プーチン大統領に対する逮捕状を出しました。それも、そういった決断の一つです。というのも、ＩＣＣはその締約国家内で効力を発揮するわけですけれども、ロシアはそこに参加していないわけですね。

なので、そういった決断というのは、私にとってはばかげたものにしか見えないわけです。ひじょうに不合理な映画といいますか、ドラマを見ているような気分になってしまいます。

ただし、もちろんそういったロシアの落ち着きと、ひじょうに西洋が興奮しているという、この対比というのはあるんですけれども、人口学者としてひじょうにそれが十分なデータなのかというと、決してそうではなくて、これは不完全なデータでしかないということは付け加えておくべきだと思います。

池上　なるほど。中国の仲介案にもそのような背景がありつつ、では今後、停戦は何らかの形で成立するのでしょうか。もし停戦するのであれば、どのような形なら、停戦の可能性があるんでしょうか。

トッド　これについてはロシアもアメリカも、「停戦したくない」と思っているはずなんですね。つまり、いま、戦争は確かに「ウクライナ」で起きています。

でも、実際の戦争というのは、ロシア対アメリカなんですね。

そして、ロシアとアメリカの間では、たとえば、アメリカは負けを認めないだろうと思いますし、ロシアも自分が勝ったと言えるような状況ではないわけです。そうすると、停戦というのはあり得ないと私は見ています。

つまり戦争が長期化するというわけですね。第1次世界大戦や第2次世界大戦のような長期戦になるでしょう。そしてそうなってくると、どちらかがつぶれるまで戦争は続くというわけですね。

ただ、これに関しては、私が間違っているかもしれない、そして、もしそうだったらどんなにいいかと私は思います。しかしながら、ヨーロッパにいて、いま、より感じられるのは、戦争の泥沼化というか深刻化の可能性です。これはひじょうに強く感じることです。

池上　停戦の可能性については私もまったく悲観的です。

プーチン大統領は22年6月9日、同日生誕350年を迎えたロシア皇帝、ピョートル1世に敬意を表して「北方戦争」(1700〜21年)の話をちょっと演説で取り上げたんですよね。つまり、この北方戦争ではピョートル大帝がスウェーデンに勝ったと。

その戦争によってスウェーデンの支配下にいたスラブ人を、ロシア帝国の元に迎え入れたんである、彼は「それはスウェーデンから領土を奪い取ったんじゃない。そもそも、スラブ人が住んでいるところをスウェーデンが占領していたのだ」と言っていたんです。

そこを「取り戻したにすぎないんだ」と、こういう言い方をした。何と言いますか、ウクライナ侵攻をしたプーチンは、そのときにピョートル大帝がスウェーデンの支配下にいたスラブ人を救い出したということを、今、自分がウクライナ東部にいるロシア人を助けようとしているんだってところと、二重写しにしているような気がするんですね。

この北方戦争というのは、21年間続きました。プーチンはおそらく、ウクライナに対して最初は3日間でカタがつくんだろうと思ったけれど、それができなくなってしまった。そして、NATOが全面的にウクライナを支援しているということは、もう少なくとも10年戦争を覚悟しているんだろうと思うんですね。

なので、プーチンが健在である限り、残念ですが、戦争はまだまだ続くと私も現時点ではそう思っています。

第3章

無意識下の対立と「無」への恐怖

池上　今回のウクライナ戦争を見ているとですね、「文化的な戦争」という色彩が見えてくるように思うんです。

23年2月21日、プーチン大統領は議会で年次教書演説を行いました。そのなかに、「欧米はいま、家族を破壊している。文化的、国家的アイデンティティーを破壊している。聖職者は同性同士の結婚を祝福するように強いられている」と、こういう趣旨のことを言っています。

つまり、本来、男と女が結婚すべきもの。神様がそう定めていたのに、同性婚などという伝統的な家族関係を破壊するようなことをしていると。極めて反ＬＧＢＴ的な発言をしているんです。

これについては、人口学者、あるいは人類学的な観点から、どのようにご覧になっていらっしゃいますか。

トッド　非常に重要な点だと私も思います。

ただ、まず区別すべき点があります。ＬＧＢＴに関する考え方なんですけれども、いわゆる性的寛容の考え方です。つまり、西洋は性の革命を経て、それぞれの個人のセクシュアリティー、性的指向というものはリスペクトされるべきものであり、自分の心情というものは守られるべきだというふうになったわけですね。

そして、もちろん私はこれに賛同します。そこには私の曾祖母も実はレズビアンだったというようなこともあるわけなんです。

それに加えて、自分のことは女性というふうにとらえる男性、またはその逆、つまりトランスジェンダーという人たちもいるわけです。この人たちも同様に、自分の性的な心情を、その性的指向というものを守られるべきだということです。これについても、人類全体で分かち合えるポイントというふうに言えるわけですね。

しかし、それとはまた区別して、もう一つ、同性愛者であるとか、トランスジェンダーであるということが、社会的な存在、あるいはアイデンティティーとして「最も重要なもの」というふうにとらえられているという点もあるんですね。

これはつまり、それらのアイデンティティーが、その社会的な面において、社会の中心にきて、その周りで社会が形成されていかなければならないというような動きがあるわけです。

ロシアのプーチン大統領は上下両院に対する年次教書演説で、米ロ間の「新戦略兵器削減条約」（新START）の履行停止を表明した＝2023年２月21日、モスクワ、ロイター／アフロ

私はそれが、「プーチンvs.進んだ西洋」というような対立軸を描いたと思っています。

まず、その「進んだ西洋」と言われる西洋は、カップルや、いわゆる伝統的な男女による家族というものを、もはや「超えよう」というふうに言うわけですね。

そして、そういった西洋人たちは、「プーチンは遅れている」とか「反動主義者だ」とかいうふうに言うわけなんです。つまり、それを言う西洋人たちは、自分たちのことを進歩的だというふうに考えています。

世界ではLGBTについて保守的な傾向の国が多い

トッド　しかしですね、実際に世界には、本能的な意味でも、LGBTについて保守的な傾向の国がとても多いということがあります。

たとえば家族構造でいえば、世界の約75％が父系制の家族構造です。つまり、父親と母親から生まれてくる子どもの、その社会的な地位というのは、父親側のほうがより重要視されると。そういった父系制というものが約75％を占めるわけですね。

そういったところで、プーチンのような考え方のほうが普通だ、正しい、合理的だと考えられてしまうわけです。だから、たとえばインドなどでも、「プーチンの言っていることのほうが正しい」というふうに思われるわけですね。

道徳的な意味でも、保守主義的なその路線というのはある意味、ロシアのソフトパワーになっています。

アメリカやイギリス、フランスは、「プーチンは遅れている」というふうに言いますけれども、プーチンは、世界を見渡すと、自分のほうがマジョリティーの側にいるんだということを、実は知っているわけです。

また、西洋のなかにも、アメリカのトランプ前大統領の支持者ですとか、それからカトリック教徒とか、そういった人々は、実はプーチンと同じような考え方、プーチン寄りの考え方をする人がいるわけなんです。

なので、そうしてこの問題を押し進めていくと、男女というのは生物学的に、その存在は「違う」存在であるというのは言えるわけですね。そして、性別を変えるということも、根本的に全てを変えるということは不可能なわけです。

いま、「進歩対保守」といったような対立があるわけですけれども、そこには「自然を超えたい西洋と、そうではないロシア」というような対立があるというふうに言えます。

そこで、あまり大げさに単純化してもいけないとは思うんですけれども、文化的な危機というものは、実は西洋だけではなく、ロシアや中国にもあると思っています。これらの国々の合計特殊出生率の低さから、それは見えるわけです。

実際に出生率というのは、いまある人口が再生産していくためには「2・1」必要だ

アメリカのトランプ前大統領（右）は2024年大統領選への出馬を表明している＝2023年４月21日、AP ／アフロ

と言われています。けれども、日本や中国のように「1・3」とひじょうに低い国々もありますし、ロシアは「1・5」、その敵国であるアメリカも「1・6」なんですね。

そうすると、人口がうまく後世に続いていかない、増えていかないというような状態に置かれると、社会の未来というものもうまく描けないということになっていってしまいます。

そして、ロシアについても出生率「1・5」で、かつ道徳的な側面でひじょうに保守的で、ホモフォビア（同性愛嫌悪）で、そういったなかでは、この根本的な人口問題を解決できるというふうにはとても思えないわけです。

いま、ロシア対アメリカという話をしましたけれども、たとえば中絶の問題などを考えていくと、トランプの支持者も、それからカトリック教徒の人たちも、アメリカのプロライフ（胎児の生命を尊重する立場）の人々も、みんな中絶は反対だというふうに考えていくと、また中絶に関して反対を表明してきたのはロシアではスターリンのときからそうだということも考えていくと、また全く別の世界が見えてくるというふうに思います。

そういった意味でも、ロシアのいまの道徳的側面の保守主義というのも、ある意味でフィクション、というふうにも考えられると思いますね。

池上　なるほど、プーチン大統領の「反ＬＧＢＴ」発言が、アメリカの保守的な右派、つまりトランプ前大統領を支持するような人たちの共感を得ているというところがあります。結局、プーチン大統領が言っていることに、アメリカの保守が賛同するという不思議な構図が起こってきている。これは看過できない、興味深いことだと思います。これはどう見たらよいでしょうか。

トッド　「反ＬＧＢＴ」というお話がありました。いま、西側の世界で何が起きているかというと、ひじょうにある意味、冒険的な社会的実験が行われているというような状況なんです。

たとえば、ホモセクシュアリティー。これはもう、完全に広く認められている話なわけですが、それよりもむしろ「男女の違いを超える」といったような、そういったディスクール（言説）、考え方が出てきています。

生物学的、遺伝学的に定められた「男女」というものは、そもそもないと考えたり、それを超えられたり、あるいは変えたりすることができるといったような考え方が生まれてきているわけです。

そういったなかで、確かに道徳的、倫理的な保守主義者たちは、「え？　そんなことはあり得ない」と言います。そして、全世界的には約75％の人々が、どちらかというとロシアと近く、「男女っていうのは、違うものだ」と主張するわけですね。

ただ同じように、ヨーロッパがこの社会的実験を「進めすぎると」、もしかするとヨーロッパの保守層にもそういった「男女というのは、違うものだ」という考え方に共鳴するような人たちが増えてくるという可能性はあると思うんです。そうすると、ヨーロッパの保守層も「ロシアが正しい」と思うようになるのではないでしょうか。

私は西洋人として自分を考えていますし、慣習面でもリベラルな人間なんですけれども、いま西側で見られるのは、男女の対立関係とか、敵対関係に基づいた男女関係というものなんですね。あるいは「男女には違いはない」といったような考え方。そういうものがあるわけですけれども、私は、そういったことに疑問を抱いているというわけです。

まあ、私はリベラルの人間ですけれども、ある意味、年を取ったヨーロッパ人というふうに言えるかと思います。

ただ、いま私は地政学のことを研究して、国家間の関係などを研究するのが仕事なわけなんですけれども、そういった研究をしていくなかで、なぜか男女の敵対関係とか、そういったことも研究しなければいけなくなったっていうのは、非常にばかげたというか、不条理というか、不思議な状況なわけなんです。

このままでは、世界を二つのブロックに分けて、つまりひじょうに保守的なセクシュアリティーを持った人々と、それから非常に性的に自由奔放な解放された人々、というふうに二つに分けて、それが対立するというような世界がもしかしたら現れてくるかもしれないと。そんなことも考えたりするわけです。まあ、これはあくまで冗談です（笑）。

忘れ去られるかもしれないネオフェミニズム

池上　トッドさんはいまご自分で「年を取ったヨーロッパ人だ」というような言い方をされていました。ご自身はリベラルなんだけれど、ともおっしゃりつつ、やっぱりどこか「男女に違いはない」「性別を超えていく」というような考え方にはついていけないみたいなところを感じます。トッドさんでさえそう、と言いますか、だから意外に、ロシアの反ＬＧＢＴの主張に、どこかで共感するという「世界的な世論」というようなものがあるのかな、と思います。

そういう意味で言うと、いま、ＬＧＢＴを強く尊重しようというような、そういう動きがむしろ行き過ぎてしまって、バックラッシュのようなことが起きているということなんでしょうか。

トッド　そうですね。ただ一連のその流れというのは、つまり性的指向という話、男女

ウクライナのゼレンスキー大統領（左）は訪米し、バイデン大統領と会談した＝2022年12月21日、ワシントン、ロイター／アフロ

の敵対関係とかネオフェミニズムとかそういった話は、だんだんと忘れ去られていくんではないかと私は見ているんですね。

つまり、これまでの西洋というのはひじょうに、ずっと豊かになり続けてきたわけですね。そういったなかで、こういったイデオロギーというのも、どんどん生まれてきたわけです。

ただ、いま、この戦争が始まって何が起きているかというと、そういった西洋が初めて「現実」と直面をしているということが起きているんです。

現実とは何かというと、「大砲をどれぐらい生産できるか」とか、そういった話なんです。つまり、性的指向、たとえばＬＧＢＴの問題とかそういった話よりもむしろ、いかにどれだけ軍需品を生産できるか、どれだけ大砲を生産できるかというような話や、いかにして食べ続けていくのか、いかにして石油を確保するのかとか、そういった話にどんどん変わっていくのではないか、というふうに私は考えます。

つまりウクライナ戦争というのは、「リアリティーに西側を引き戻している」という状況があるのだと思いますね。

ちなみに、ポーランドやウクライナという国は、ロシアと同じくひじょうにホモフォビアの国なんです。そして、ウクライナは、いまはなるべく西側の価値観に寄せようということで、そういった側面を見せません。けれども世論調査などを見ると、とてもロシアと近く、ホモフォビアがひじょうに強い国です。そもそもその意味でも、ウクライナとロシアというのは、とても近い国だということなんですね。

戦争を見ていくうえで重要な人類学的側面

池上　そういうなかで、これはトッドさんが以前からおっしゃっていることですけれども、アメリカ、イギリスなどのアングロサクソン系と、ロシアなどのスラブ系では、家族システムがそもそも違うと。そういう無意識下での対立というのが、今回のウクライナ戦争における衝突にもやはり関係があるんだろうというふうにお考えなんでしょうか。

トッド そうですね、ウクライナ戦争を見ていくうえで、人類学的側面というのはもちろんひじょうに重要です。アングロサクソンの国々や、フランス、スカンジナビア、北ヨーロッパは、子どもが結婚後、独立した世帯を持つ核家族の構造を持っていて、そこでは女性の地位はとても高いとか、相続は親の遺言で決定したり（絶対核家族）、あるいは相続は子どもたちの間で平等に男女差別なく分け合ったり（平等主義核家族）、という特徴があります。

一方で、ロシア、中国、イラン、アラブ諸国やセルビアなども含まれますけれども、そこでは父系制で、共同体家族の構造があります。この親族システムでは、相続は男性を通じて行われていく。この後者については過去にあった農民の家族システムなんですけれども、それがグローバル化と共に、徐々に社会に浸透していったという流れがあるわけです。

そして、共産主義などが生まれたわけですけれども、生まれた土地というものにもともと共同体家族構造というのがあったわけですから、生まれた背景にもその家族システムというものが絡んでいるわけです。

日本、そしてもちろんドイツにとって重要なのは、この家族システム的に、中間的な立場にあるという点だと思います。

日本とドイツは、いわゆる「直系家族」と呼ばれる家族システムがあります。通常は男子長子が結婚後も親と同居し、すべてを相続。日本でも一般的に、少し例外はありますけれども、相続は長男を通してなされるわけですね。

要するに、自由な個人というのは相続を受けない／しない個人、つまり長男以外の個人ということになります。親子関係は親の権威に従うという意味で権威主義的であり、きょうだい間は不平等です。

親族システム的に、日本とドイツというのはやはり近いものがあります。それはいまの両国の状況を見ても、何となくおわかりかと思います。公共の側面や、政治システムにもそれは表れています。

政治システムは、日本は民主主義ではありますけれども、フランスやアメリカのように、交代制ではないわけですね。要するに自民党という1党がずっと政権を握っているというわけです。その交代制ではないという意味では、ロシアと少し近いところがあると言えます。ドイツは連立を組むという傾向がひじょうに強いんですけれども、これもまた交代制とは言えないわけですね。

なので、日本とドイツは西側というふうに言われていますけれども、こちら、つまり西洋側についたのは、「第2次世界大戦で負けたから」というのが主な理由です。日本、韓国、ドイツがいま「西側にいる」のは、政治的、軍事的な意味であり、人類学的な理由からではないということです。

そしてこういったことは、アメリカももちろん感じとっていて、いろんな協定を結んだりする難しさというなかに、そういう人類学的な背景というのは表れてくると言えると思います。

たとえば、国同士の対立を考えたとき、「真っ向からの対立」みたいなことを、アメリカとドイツ、あるいはアメリカと日本というのは、しづらいというのがあると思うんですね。

フランスは、面と向かってアメリカを批判したり、罵《ののし》ったりということは、実はしやすい。つまり、「同じ側」にあるというか、同じ伝統を持っているために、いとこ同士のけんかみたいなかたちで、真っ向から対立してもひじょうに深刻な問題にはなりづらいという側面があります。

ただ、ドイツ対アメリカ、あるいは日本対アメリカで同じことがもし起きてしまうと、それは文化的な対立というものをさらに深めてしまうことになるわけです。

たとえばですけれども、以前、宮崎で行われたシンポジウムで、いろんな国の人々が集ったんです。韓国人、インドネシア人、イギリス人、ドイツ人、そしてフランス人の私という感じだったんです。ドイツ人とフランス人の私はお互いをひじょうにリスペクトして、礼儀正しさ、丁重さを保ち続けたんです。一方で、その議論のなかで本質的に何が起きたかというと、イギリス人と私との間での「ののしり合いみたいな対立」というものがあったんです。

ただこれは、イギリス人とフランス人の私だったからできたようなところがあって、もしこれがフランス人の私とドイツ人の間で起きていたら、これは外交問題に発展したかもしれない（笑）。

ロシアがしていることはアメリカがしてきたこと

池上　家族システムの違いに関連しますが、プーチン大統領がいわば文化的な、伝統的な家族観を大切にすることを訴えることによって、アメリカ国内での分裂がさらに促進される。プーチン大統領はそこまで狙っているんでしょうか。

あるいは、こうやってウクライナ戦争が長引けば長引くほど、トランプ氏だけではなく、アメリカ大統領候補と目されてもいるフロリダ州知事のロン・デサンティス氏（共和党）も、このところ「ウクライナに対する支援をアメリカはやりすぎだ」というような言い方をしています。

アメリカが分裂することによって、結局、ロシアが利益を得る。そんな構造が、いま起きつつあるように見えるのですが、いかがでしょうか。

トッド　そうですね。ただ、ここまでいろいろと言ってきましたけど、私がロシアを擁護しているというわけでは全くないということを、まずご理解いただきたいんです。

つまり、フランスでは、ウクライナ戦争に関する一般的な見方があまりにも単一化されていて、私自身はいろんな意見の多様性や多元性、そしてその客観性というものを非常に擁護する立場なので、このような言い方をしているだけなんです。

私自身、個人的にロシアで暮らすことはできません。私は完全な西洋人であって、政治も交代制がいいというわけで、必ずしもロシアを擁護しているというわけではないということをご理解いただきたいということです。

それを踏まえたうえでですが、アメリカが、ロシアが介入してくると主張することが、たびたびあるわけですね。ロシアによるアメリカ政治システムへの介入や、たとえばトランプ大統領当選のときなども。選挙に関してさまざまな形でロシアが介入してきているとか言ったりすることがあるわけですね。

ただ、ロシアが慣習面でどこかの国に何か影響を与えたいと考えているとしたならば、それはロシアと同じ父系制の国々に対してではないかと、私は思うわけです。それはアラブの世界だったり、サウジアラビアだったり、中国だったりといった国々ですね。

アメリカがロシアへの介入に執着している様子は、ひじょうに興味深い点でもあるんですけれども、それはアメリカ社会の、自分自身の弱みを見せつけてしまっているということでもあるからなんです。

ロシアというのは人口的に、アメリカの人口の半分です。そして、アメリカは超大国といわれている国なんです。

そのなかで、アメリカのエリートたちが、ロシアの一部の人が自分の国の選挙に介入してきているというようなことを言うのは、ひじょうに滑稽なことといいますか、それは実はアメリカの国内がパニックに陥っている証拠でもあるというふうに思えるんですね。

それからもう一つ、アメリカはロシア人に対していろいろと批判をするわけですけれども、実はアメリカ人自身たちが常にしてきたのと同じことを、ロシア人に対して批判しているという状況があります。

アメリカは、ヨーロッパにおいてもイタリア、ドイツなどでひじょうに介入をしています。ウクライナやロシアの国々を不安定化させるなどしてきた国なわけです。アメリカがロシアに対してする批判というのは、まるで自分がしてきたことをしている相手に対しての批判と、そういうふうにもとらえることができると思います。

池上　トッドさんは、ウクライナ戦争というのは単なる「民主主義陣営vs.専制主義陣営」ではない、政治学、経済学といった「意識レベル」では的確にとらえられず、人類学的（無意識レベル）で解釈する必要があるとおっしゃっています。つまり、ウクライナ戦争とは、ロシアと西側による無意識レベルの人類学的な対立、こういうふうに見ていらっしゃるということでしょうか。

トッド　そうですね。先ほども少し触れましたが、世界には確かにさまざまな家族システムがあり、それがまさに人類学的な観点なんですけれど、そこと思想というものには関係があるということが、私が人生を通してずっと研究してきた点なんです。

たとえば、個人の解放や個人主義につながる核家族構造というのは、民主主義の台頭には欠かせない要素の一つであるということや、父系制や共同体家族構造の地域では、共同体的なシステムが政治システムを生み出す傾向があるといったようなことです。

ところが、今の西側の特徴であり問題になっているのは、「核家族」という家族システム、親族システムというものがそこにありつつも、実はその民主主義の形というものがだんだんと衰えつつある、死につつあるというところなんです。

西側で何が見られているかというと、民主主義というよりも、不平等や寡頭制の台頭です。これは一部のエリートが富や政治力を独占する「リベラル寡頭制」と私が呼んでいるものなのですけれども、アメリカでもこれはひじょうに顕著に見られます。

アマゾン創業者のジェフ・ベゾスのような人物や、トランプなんかもそうですね。ある意味、多元的寡頭制というふうに呼べるものが見られるわけです。

実は、これはウクライナにも見られました。一方で、フランスはなかなかそこまではいっていません。というのは、個人より国家のほうがまだ大きすぎるからなんですね。

民主主義や自由を守る戦いではない

トッド　そしていま、西側の人々が「ウクライナでの戦争は、民主主義や自由主義といった価値を守るために戦っているのだ」というふうに言うわけなんですけれど、それは全く本当ではないと私は考えます。

つまり、お金を送って支援するというのは、実際に戦うということとは全く違うことだからです。

西側の思想的なディスクールのなかで、驚かされる点があります。この20年ぐらい、とても支配的な思想的ディスクールというのがあるんですけれど、それは「価値」という言葉を、ひじょうに振りかざす傾向があるという点なんです。

ふつうは個人的な、道徳的な感情にのっとって行動をする場合、自分の価値観というのを持って、人々は「行動を」するわけですね。

ところが、いまあるのは何かというと、価値、つまり民主主義や自由主義といった価値観を大事にするんだとか、守るんだというような「言葉ばかり」があふれ返っているということです。そして、それに対して何も行動を起こしていない。

行動を伴わずに「言葉だけ」ということは、つまり価値観もなくなっていると。それはもう「中身のない価値観でしかない」というふうに言えると思うんです。行動を伴っていない、価値という言葉だけを振りかざしているという状況が、西側にあります。

池上　ということは、つまり、価値を大切にするというお話がありましたけど、結局、今回のウクライナの戦争というのは、価値をめぐる戦争、つまり「価値観戦争」という、そういう様相もまた見せているということなんでしょうか。

トッド　この戦争が価値の戦争かというと、そこは実は複雑な側面を持っていると思います。

というのも、ウクライナ自体がそもそも何を象徴しているのかという話になるわけですね。でも、何者なのかがわからないと。

ウクライナ、つまり小さなロシアと呼ばれるところは、ドンバス（ドネツク、ルハンスク両州）など東部は含まないわけですけれども、核家族構造があって、自由主義的なリベラルな傾向を確かに持っています。

ただし、核家族構造だけでは、民主主義というのは成立しません。

何が必要かというと、「国家」が必要なんですね。たとえば、イギリスやフランスなども、まず君主制の国家があって、そこから民主主義というのが生まれる。つまり、国家が必ず必要なわけです。

ウクライナの場合はそうではない。個人主義的な傾向があったところで、国家がないとそれは無政府状態にしかならないわけです。どちらかというと、ウクライナは、さまざまなクーデターなどがあったラテンアメリカにより近いものがあるというふうに思います。

ただ、ここでも重ねて言わなければいけないのは、データがひじょうに少ないという点ですね。これはロシアとウクライナ、双方においてそうです。どちらの側もプロパガンダであふれている。だから、私はどちらのデータもあまり信用しません。

たとえば、アゾフ連隊（ウクライナ内務省傘下で、ロシアから「ネオナチ」と批判された部隊）に関してもそうですね。同じように、何が真実なのかがよくわからないといったような状況があります。

これはもう、もはや戦争がどのように終わるのか、戦争自体が真実を教えてくれるということを待つしかないと思っています。

歴史家の私たちはひじょうに謙虚でなければいけないというふうに思います。

ウクライナ南東部のマリウポリ。「アゾフ連隊」などが製鉄所に立てこもったが、22年５月にロシア軍に制圧された＝2022年４月24日、Azov／ロイター／アフロ

このウクライナ戦争の前、ウクライナの中流階級の人々が大量におそらく流出していただろうと言われているわけですけれども、中流階級のない国というのは、成立しないわけです。中流階級があってこそ、国家というのは成立するからです。

なので、そこが流出していたウクライナというのはどういった国なのかというのは、考えるべき点ですね。ただ、こういった状態で、ウクライナが西側の価値を、価値観を表しているといったようなことは全くないんです。ウクライナが民主主義や自由主義を象徴しているかというと、そうではない。

また同時に、いまの西側諸国民主主義も全くリベラルではないという意味で、言葉遊びでしかないというふうに思います。

何があるかというと、そこにあるのは「無」です。つまり、何もなくなってしまうことへの恐怖感なんですね。

そういったなかで、なんとか持ちこたえるために軍をどんどん強化するなど、そういったことが起きているのだと思います。ひじょうに悲観的になってしまって申し訳ないんですけれども、私はいま、悲観的にならざるを得ないといった状況ですね。

私の置かれている個人的な状況が、実はその自由や、リベラル民主主義というものはこのフランスにおいて、いま、ばかげた状態になっているということを、はっきりと言える立場にあります。

というのも、フランス、イギリス、アメリカという3カ国が「自由民主主義」というものを発明した国ではあるんです。そして、私は研究者としての人生を通して、ずっと国営のラジオやテレビなどに出演をして、発言をしてきました。

ところが、昨今はこういった国のラジオ、テレビなどから「出禁」になっているわけですね。私は自宅のソファに座って、テレビに出てくる、地政学や世界のことなど全くわかっていない人々、そして英語もろくに話せないような人々がいろんなことをわかったようにしゃべっているのを見なきゃいけないわけです。

そして、その人たちが何を言っているかというと、「ロシアでは報道の自由や表現の自由というのがない」と言うわけなんです。

確かにロシアにはそれはないかもしれないんですけれども、こうやって自国のフランスのラジオやテレビに出られない私からしてみると、フランスも似たような状況にあるというふうに言いたくなるわけです。

まあ、もしフランスから逃げなきゃいけなくなったら、ロシアではなくて、日本に行きますけれども（笑）。

第4章

アメリカの没落

池上　先ほど、アメリカが、自身がこれまでやってきたのと同じようなことを、ロシアに対して批判しているというお話を聞いて思い出しました。ちょうど20年前の2003年ですよね、イラクが大量破壊兵器を持っているんだといって、国際的な合意がないまま、アメリカとイギリスが一方的にイラクを攻撃しました。それによって、イラクに大変な混乱を引き起こしました。

イラクの人たちから見れば、いまロシアがウクライナにやっていることは、かつてアメリカが我々にやったことじゃないかと。そういう批判をしたくなるんだろうと思うんですが、それについてはどのようにお考えですか。

トッド　イラク戦争からまさに20年、本当におっしゃるとおりで、あの戦争はひじょうに不当なものだったと思います。軍事的にも、そして多くの人が亡くなったことについても、本当に不当なものだったわけですね。

まさに、あの戦争も、アメリカのヘゲモニー的な側面があったことによって、引き起こされたわけです。

私はその時代、個人的には、この戦争を何とか忘れようとしてきたというんでしょうか、反米主義にはならないように何とか言い訳みたいなものを一生懸命探そうとしてきたというような時期だった気がします。

つまり、たとえば、ソ連の崩壊と結びつけてみたり、いろんな理由を探したりしました。この戦争が単純に不当だったなどと考えてしまうと反米主義になってしまうので、そうではないというような方向で、いろんな発言をしてきたんです。

そのアメリカが、いつか元の、世界にとってもよい大国になるだろうというような希望を持っていたわけですね。本当に私はそれを心から願っていたんです。

けれども、今回のウクライナ戦争が起きて、私の暮らすヨーロッパにアメリカがやってきたということになって、そしてウクライナでも多くの人々が亡くなっているという現状を踏まえると、やはり少し感情というものが、考えというものが、変わってきているわけです。

イラク戦争のことを池上さんはおっしゃいましたけれども、ウクライナ戦争も同じく、やはりアメリカが責任者であるわけですね。

私は「反米主義者」ではないと思います。つまり「反米」と言うと、アメリカの政治

ミサイル攻撃で真ん中部分が吹き飛んだ集合住宅の前で追悼式が開かれた＝2023年1月22日、ウクライナ中部ドニプロ、朝日新聞社

に反対したり、アメリカの文化的な側面に対しても反対をしたりする立場の人たちだと思うんです。でも、私はアメリカの文化的なところは愛している側面もあります。英語はフランス語以外でしゃべれる唯一の言語でもあるわけですね。

そうではなくて、私はむしろ、私の立場を「アメリカフォビア（米国嫌悪）」というふうに定義したいと思います。

ロシアフォビア（ロシア嫌悪）ということが言われますけれども、それと同じ意味で、アメリカ嫌いというわけです。反米主義とは、またちょっと別なものです。どういうことか。私は、アメリカをひじょうに「怖い」と思うようになったんですね。

確かに、この戦争を踏まえて過去のことを振り返ると、イラク戦争もしかりですけれども、ベトナム戦争やその後もいろんな戦争で多くの死者を出す戦争をしてきた国、アメリカという姿が見えてきます。

そのアメリカは、海外で死者を出すだけではなくて、いまや国内でも死者を出していると言えると思います。中等教育しか受けていない人々の間では平均寿命が低下しています。そういった意味で、国内での打撃は存在します。

そんなアメリカというのはリベラル民主主義ではない、と私は思うわけです。それは単に、戦争をし続ける、ときに何十万人も人を殺してしまう国ということです。

そのアメリカはそういった意味で、ある意味別もの、たとえるならカフカの『変身』という小説があるのはご存じかと思いますが、アメリカはカフカ的な意味での「変身」をしてしまったというふうに言えると私は思います。

アメリカは「悪」でもないけれども、いわゆる「完全なる善」ではなくなっているということは確かだと思いますし、イラク戦争は思い返すと、本当にひどかった戦争ですが、いまはそれがヨーロッパで行われているというふうに言えるわけです。

私は、「アメリカフォビア」ということは今まで言ったことがなく、初めてここで言いました。そういうわけで、アメリカが変身をしているという状況はあると思いますね。

そして、この惨憺《さんたん》たるアメリカの状況に関して、もう一つ付け加えるとしたら、「アメリカは世界の人々の労働で生きている」という状況があるということです。

もちろん中国もそうですけれども、ヨーロッパや日本などのいろんな国々に依存して、そういった他国民の労働に依存をして生き延びている国という、パラサイトのような状況があるというふうに言えると思うわけです。

また、国内に目を向けても、人種差別というものがいまだにあるということで、黒人が通常の市民としていまだに認められないような状況もあるわけですね。

最後にひと言で結ぶとしたら、「この世界からアメリカという勢力がなくなれば、より美しい、より平和な世界が現れるだろう」というふうに言えるかなと思います。

この戦争が始まった当初、覚えていらっしゃると思いますけれども、ロシアのいろんな銀行や、ロシアのお金持ちの人々のヨットなどの差し押さえとか、そういうことも行われたわけですよね。

そういう意味でも、何だかまあ泥棒のようなこともしていると。略奪者のような行動も起こしていると。そんなアメリカに、私はもう我慢ができないわけです。

今朝、私に何が起こっているのかわからないですけど、ひじょうに何というかこう、正直にいろいろ話をしてしまっています。

池上 ハハハ。ありがとうございます。

トッド 月曜日だからでしょうか。私がいま一番気がかりなことというか、したいことは、孫の世話をすることなんですけどね（笑）。

NATOの兵器供与が戦争を長引かせているのか

池上 （笑）。お時間をいただいていて恐縮です。では、次の質問です。とくにこれからのウクライナ戦争がどうなるのかというときに、ウクライナに対して、アメリカも含めてNATOが兵器供与をしていますよね。

これについては、「それをやっているから戦争が長引いているんだ」という考え方がある一方で、「援助しなければ、あっという間にウクライナが負けてしまって、ウクラ

図6 **戦力の比較**

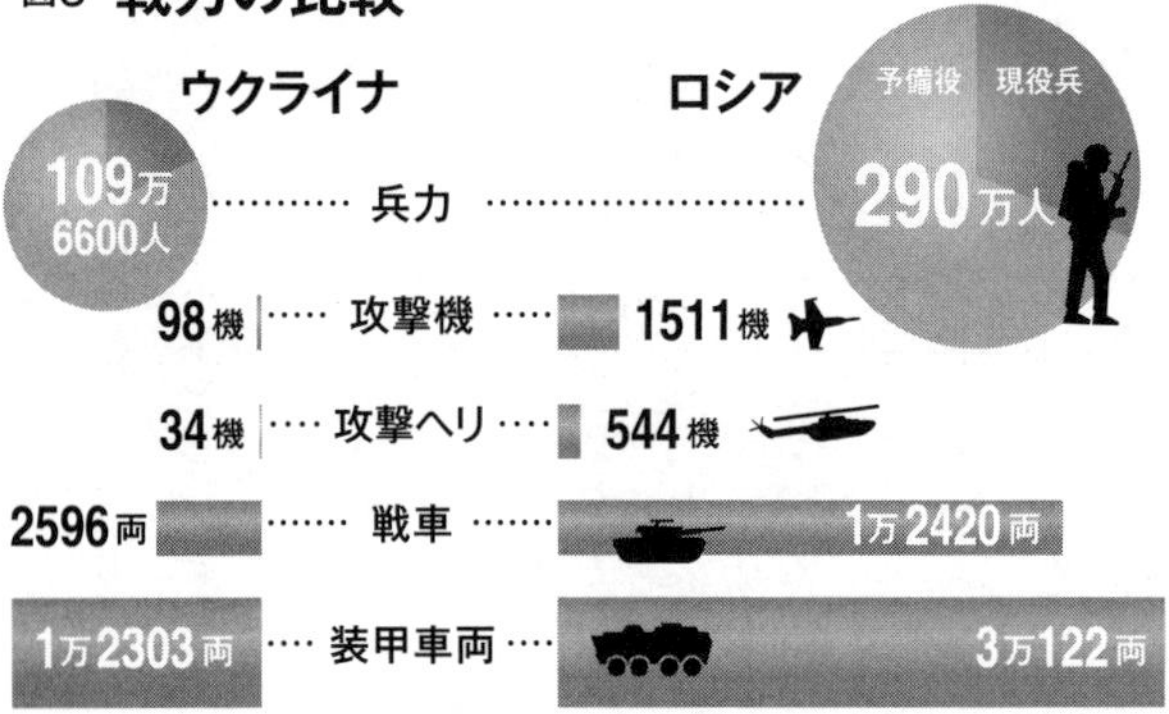

ミリタリーバランス2022年版グローバル・ファイアパワー、朝日新聞から

イナはロシアの植民地のような従属国になってしまうんじゃないか」という意見もある。それを考えたら、ＮＡＴＯが軍事的に支援をするのは、仕方のないことではないかと、こういう考え方もあります【図6】。これについては、どうお考えになっていますか。

トッド　そうですね、その点に関しても分析をしようと、いろいろ試みているんです。私はこれをすべきだとか、すべきではないといったようなことを言う立場ではないと思うんですが、アメリカがなぜウクライナで戦争をこういう形で展開しているのかということを考えると、まず国際政治におけるアメリカの態度というものを一度振り返ってみる必要があると思うんですね。

まず、アメリカの外交政策の特徴の一つとして、「同盟国を見放す」という点があります。

たとえばですけれども、もし台湾で対中国の戦争があったとします。その場合、アメリカが介入してきたとしても、もし西側が負けそうだとなったら、おそらく日本と台湾を、アメリカは簡単に見放すだろうと私は見ているわけです。

そういった意味から、ウクライナでも同じようなことが起こり得るだろうと、私は思っています。

アメリカが、そしてNATOが、なぜウクライナを支援し続けるのか。それは、ウクライナが負けてしまったら、自分たちの勢力としての面目がつぶされてしまうからだと。まあ、ただそれだけの話なんだと思うんですね。

アメリカの国内的な利益というものを追い求めているだけといいますか、「道徳的によいことをしなければ」とか、そういう問題では全くないと思います。

ただし、そこには、これまで何度か触れてきたようにアメリカの工業的なシステムが、どこまで機能し続けるのかという問題があるというわけです。

仮に、兵器をいつまででも生産できるというような保証を、もしアメリカが得ることができたとしたら、それはもう最後のウクライナ人が生き残るまで戦争を続けるということをアメリカはするのではないでしょうか。

池上　となると、とくにアメリカは24年が大統領選挙になります。もし、共和党のトランプ前大統領、あるいは「賢いトランプ」と呼ばれているフロリダ州のロン・デサンティス州知事が選挙で勝った場合、25年以降、アメリカはウクライナに対する支援をやめ、ウクライナの戦争は一挙にロシア有利に戦況が逆転するんではないか、大きく変わるんではないかという見方もあると思うんですが、この点についてはどのようにご覧になっていますか。

トッド　そうですね、アメリカの大統領選に関しては、アメリカの「交代制」という側面に注目しすぎてはいけないのではないかと思うんですね。全体の政治システムのロジックを見るべきだというふうに考えます。

たとえば、トランプ前大統領ですが、彼は大統領になった時点で、ほかの人に比べてそこまでロシア嫌いではなかったはずなんです。けれども結局、ウクライナの再武装化というのは、なされました。

つまり、当選する大統領とは無関係な何か仕組みと言いますか、ロジックがあるというふうにも言えると思うんですね。

なので、外の世界にいる私たちは、これは先ほど言った「アメリカフォビア」の観点なんですけれども、まるで「アメリカ劇場」みたいな、マリオネットか何かの劇場みたいな感じでアメリカの大統領選を見るというのが一番いい方法なんじゃないかと。大統領選などよりもむしろ、アメリカのＣＩＡ（中央情報局）とかＮＳＡ（国家安全保障局）とか、金融システムとか、それから無責任なエリートとか、それを含めた全体についてのほうに注目すべきなんじゃないかと思うわけです。

私は確かに、トランプが当選したときはちょっと気になっていたんです。これからどうなるのだろうかと。彼は我慢ならないような側面、下品な側面なんかもいっぱいあったんですけれども、それでももしかしたら、このアメリカを立て直す力があるのかと考えたりもしたわけです。

ただまあ、そういうふうにはいかなかったということがあります。確かにアメリカの大統領選挙は大事ではあるんです。けれども、国際的な観点からして「誰が選ばれるか」というような点は、そこまで重要ではないのかもしれないですね。これはまあ、完全にアメリカフォビアの私の観点ではありますが。

ただ、私がアメリカフォビアの話をしているときは、半分ユーモアを含んでいるということもご理解いただけたらというふうに思います。完全に、根拠のあるデータに基づいて言っているわけではないので。ユーモアも含んでいるということも含めて、ご理解いただけたら。

池上　わかりました。日本語で表現すれば、「アメリカフォビア（笑）」という感じになるでしょうか。

でも、いまのお話を聞くと、たとえばトランプ前大統領の支持者などが、その前のオバマ政権の残存勢力を示唆する言葉として使用する「ディープステート」（国家内にあるもう一つの国家）という存在を信じているということがありますね。

トランプ前大統領の支持者たちは、ディープステートによって実はアメリカが動かされているという、ある種の陰謀論を信じている。いまのトッドさんのお話を聞くと、何となくアメリカがディープステートによって動かされているとおっしゃっているようにも聞こえたんですが、いかがでしょうか。

トッド そうですね、確かに私が先ほどのような話をすると、そういうふうに思われる人がいるかもしれないんですけれども、全く違うわけです。

私はディープステートを信じているわけでは全くないです。そういう見方ではなくて、全くその逆です。

私がアメリカのシステム全体のロジックを見るべきだというときは、そのシステムの全体というものは、完全に可視化されたものなんですね。

陰謀論などでは、何かディープなところで、何かが行われるということだと思うんですけれども、私の場合はアメリカの全てがひじょうによく見えているというふうに考えているわけです。

たとえば、地政学のさまざまな議論というものは、全て研究所などで発表されているわけです。たとえば、人種差別などもひじょうに可視化されている。全て見えるところで、いろんなことが起きている。実際に起きているということですね。そしてある意味、何も隠されていないというわけです。

その情報が多すぎて、逆に見えなくなってしまっているということもあるのかもしれません。ただ、大統領が代わっても何も変わらないというようなことを私が言ったのは、それは陰謀論などではなくて、実際に大統領が代わっても、実際の政策や実際の社会が、いかに変わったかというところを見ると、そんなに大きくは変わらなかったということを「見えている部分で」分析しているわけです。

そこが大きな違いです。なので、ディープステートとは意味が違うわけです。アメリカについては、「ディープ」という形容詞というのはあまりよくないと言いますか、何もアメリカにはディープなものがないですからね。

むしろ逆に「シャロー（ｓｈａｌｌｏｗ）＝浅い」という言葉で、「シャローステート」としたほうが近いかもしれないです。

池上 ハハハ。よくわかりました、ありがとうございました。

ウクライナ戦争の五つのファクター

池上　さて、アメリカについて伺ってきましたが、では、これからのウクライナ戦争の見通しについてです。

ウクライナでの戦闘は、まだまだ続きそうなのか、どうなのか。本当に予測は難しいところですけれども、トッドさんはいま、どのようにご覧になっていますか。

トッド　個人的にウクライナ戦争に対しては、非常に絶望しているのですけれども、それは置いておくとして、何が重要かというと、主要なファクターが五つあると考えています。

一つ目は、ロシアですね。

いま自信を持って、自分のリズムで戦争を展開しているという、ロシアという国があります。ただ、合計特殊出生率が「1・5」にとどまり、5年以内に人口ピラミッドに大きなくぼみが生じるという人口問題を抱えています。

その点においても、ロシアは5年以内にアメリカとNATOに勝利する必要があると私は考えています。

二つ目に中国です。

中国はアメリカやNATOに対して、ロシアと同じような関心を持っているんですけれども、この戦争がある意味よい機会となり得るわけですね。

つまり、この戦争はアジアの人々全体にとっても、「実はアジアで起きたかもしれない戦争」が避けられて、いまはウクライナで起きている、というように見ることもできるわけです。

そうすると、アジアの人々にとってもこの戦争はよい機会、というように見ることもできます。想像もしていなかった遠いところで、アメリカと中国との対立が行われている、ということになる可能性があるというわけです。

そして三つ目、これがアメリカです。

アメリカはひじょうに混迷しています。ロシアが侵攻することで願わくばウクライナがつぶれて、アメリカがそこを支配できればというような目的を、最初は持っていたん

ウクライナ東部ルハンスク州の要衝、セベロドネツク。22年6月25日にロシア軍が制圧した＝2022年6月18日、ロイター／アフロ

だと思うんです。そして、ロシア経済が崩壊するだろうと。いろんなことを想像したはずですけれども、結局それらはまだ実現していません。

自分たちも結局、この長期戦に巻き込まれることになってしまって、経済危機に向かっているという状況があります。ここには、オルタナティブ（もう一つの選択肢）というのがあまり見えてこないわけですね。

このウクライナ戦争に負けてしまったら、アメリカの面目というのはつぶされてしまう。そして、アメリカという一種の帝国も、崩壊してしまうおそれがある。非常に危険な立場にいるわけで、不確実性を含んだファクターというふうに言えると思います。

四つ目がポーランドです。

これは先にお話ししたように、歴史的な背景を踏まえても、対ロシアの戦争を必要としている国ですね。もう実際に、数万人の兵士がウクライナ側で戦っているというような情報もあるわけですので、ポーランドについてはひじょうにこれからも注目していくべきですね。

ロシアがたとえば、核攻撃の話などをぶちあげるときは、ポーランドのことを踏まえての話なんじゃないかというふうに私は見ています。

そして五つ目、最後がドイツです。

ウクライナ戦争におけるアメリカのそもそもの目的は、私からすると「ロシアとドイツを引き離すこと」だったわけですね。

22年9月26日にロシアとドイツを結ぶ天然ガスのパイプライン「ノルドストリーム」が人為的に爆破された事件にも、それが如実に表れていました。西側のメディアでは「ロシア側の工作だ」という論調ですが、私はアメリカとイギリスが破壊したと確信しているんです。

ドイツは、ここまではアメリカにひじょうに従順だったわけです。けれども、アメリカの工業面での弱さというのが本当に表れてきたときに、ドイツがどういった行動に出るかというのは注目していくべき点ですね。

ドイツは日本と同様で、第2次世界大戦でアメリカに占領された「保護国」みたいなところがあるわけです。そういったドイツが、どういう動きを見せるか。

そして、これはある意味ひじょうに遠い、予測レベルの仮説なんですけれども、このウクライナ戦争から「抜け出す」ドイツというのも、想像することはできると思います。

アメリカはドイツにも戦争をしかけている

池上 トッドさんはドイツについて、アメリカは実は今回ロシアだけじゃなく、ドイツにも戦争をしかけていると。ロシアとドイツを分断して、ドイツ経済を破綻させようとしているんだと指摘されています。なぜ、アメリカはそんな必要があるのでしょうか。あるいはその試みは成功するんでしょうか。

トッド そうですね、ドイツ経済を完全に破壊させるというのは正確ではなくて、あくまでも自分たち、つまりアメリカ、そして西側のためのものとしてドイツ経済を保ちたい、ということなんです。

ロシアとの補完的なものにドイツがなるのではなく、あくまでもアメリカのためにあるべきだというふうに見ているという意味です。なので、ドイツ経済を破壊しようとしている、ということではないわけです。

それは、「ノルドストリーム」が人為的に爆破された出来事などを見ても、アメリカがそういう思惑を持っていることがわかります。

アメリカがいまの戦争に勝つためには、ドイツの産業や工業の力、そして日本や韓国の工業の力なくしては勝てないんですね。こういった国々が、軍需品を生産してくれることが必要なわけです。つまりアメリカの「保護国」が、そういった生産をしてくれる必要があるんです。

このような状況は、始まったばかりなんです。たとえば、ウクライナ軍が負けてしまったら、NATOはこのいまの状況をコントロールできなくなってしまう。もしそうなってしまったら、もしかしたらドイツがアメリカに従わなくなるような可能性も想定することはできるかもしれません。そうすると状況はますます複雑になってしまいます。

実際に、ポーランドの大使が「もしウクライナ軍が負けたら、今度はポーランド軍が戦争に突入する」といったような発言をしたことからも、ひじょうに状況は複雑になることがわかります。ちなみにポーランドという国は、ヨーロッパの歴史を眺めてみると伝統的に、無責任なところがあるわけですね。そういった意味でもひじょうに複雑化してしまうと。まあ、こうやっていろいろと想像はできるわけです。

たとえば、18世紀のヨーロッパでは、ドイツとロシアがポーランドをつぶすようなことをしていたわけですよね。分断するということを進めていたわけです。

いろんな意味で、これは予測でしかないんですけれども、考えたくもないようなことばかりなので、私も話すのがとても難しいことだと思っています。

ドイツ自身が何を考えているのかっていうのは、全くわからないわけですね。確かに私自身も、このウクライナ戦争のなかで、ドイツがアメリカに対して従順だったことにはひじょうに驚かされました。

ノルドストリームをアメリカが破壊したことに対しても、されるがままだったわけですよね。

そのいまの状態は、1812年にナポレオン軍がロシアへ侵攻してきたときのことを、ふと思い出させるわけです。

そのとき、だんだんとナポレオン軍が勢いを失っていって、どんどん後戻りをせざるを得なくなるわけです。この時代はちなみに、フランスとロシアは人口がほぼ同じだったんですけれど、そのナポレオンが率いる軍の下には、ひじょうに多くのドイツ人も含まれていたんですね。

そういう意味でロシアに対して同盟関係にあったフランスとドイツなのですが、フランスがだんだんと失敗をしていって、戦況が怪しくなってきたときに、ドイツはそういったなかでロシア側についたといったようなことがあったわけです。

そういった意味でも、ドイツが今後、どういった行動に出るのかは、ちょっと見えないというところはあります。もしかしたら、アメリカがナポレオンのときのフランスと同じ目に遭うという意味で「ナポレオンバイデン」というふうに言うこともできるかもしれません（笑）。そもそもいまの状況を見る限り、戦況はアメリカに完全に優位だとは言えず、いろんな国がそれを感じ、動き始めているようです。まあ、いま言っていることはあくまでも予測でしかないので、半分冗談のようにして捉えていただければと思います。

ただ、これらのいろんな要素を考えて分析をしていこうと思うんですけれども、いまの時点では、これがこうなるだろうというような予測はなかなか言えないという状況ですね。

ここで私は、ひじょうにある意味、断定的なものの言い方を、つまりいわゆる西洋のディスクールで聞かれるような考え方とは少しズレたところでかなり断定的な言い方をしているわけなんですけれども、それというのも、実は西洋でのディスクールというものがひじょうに偏っているので、私のものの言い方もひじょうにエクストリーム（過激）になるというか、断定的な言い方になってしまうというようなことがあると思います。

全体のコーパス、つまりいろんな議論に関する分析やディスクール、議論の全体を見たときに、そのなかにおけるマジョリティーがどのようなものなのか、そのマジョリティーの人が何を言っているのかということを鑑みたうえでの、私のこのものの言い方というのがあるわけです。

西洋では、プーチンはモンスターだとか、一方でアメリカは自由の擁護者だといったような意見というのは、どこでも誰でも、いま読める話です。みなが目にする話なんです。

私の意見というのはマイノリティーなんですけれども、誰からも何かを奪うような意見でもないわけです。私は、意見の多様性、多元性というものを擁護したいという観点がひじょうに重要だと思っています。

池上　トッドさん自身は、「ちょっと断定的な言い方をしますが」とか、あるいは「アメリカフォビアというのは、ちょっと冗談めかしていますけど」とかいうように、ちょっと保留をしつつも、やはりこういうウクライナ戦争のような出来事というのは多様な見方が本当に必要なことだと思うんですね。

メディアが極めて一方的に伝えているなかで、「ちょっと待てよ」という、そういう視点が、非常に大事であると。そのときに極めて知的レベルの高いトッドさんの視点というのが、大変参考になるなと感じます。これからのこのウクライナ戦争を見ていくうえで、とても大事な視点だなというふうに思いました。

岸田文雄首相のキーウ電撃訪問に疑問

トッド ありがとうございます。ここで、ぜひお伝えしておきたいと思っていたことを話したいのですが、私はひじょうに日本が好きで、ずっと関心を持ってきたのですけれども、3月21日に岸田文雄首相がウクライナの首都キーウを訪れましたね。それを見て、私はとても悲しくなったんです。

というのも、この日本という国が、ヨーロッパのこのキーウという地域がヨーロッパ人にとってどういう意味を持つものなのかということを果たしてしっかり理解しているのかどうか、というのが疑問に思えたからなんです。

実はこの地域は、第2次世界大戦のナチス・ドイツ占領下に、ホロコースト（ユダヤ人大虐殺）が起きた地域なわけですね。

キーウを電撃訪問した岸田文雄首相（右）とウクライナのゼレンスキー大統領＝2023年３月21日、Ukrainian Presidential Press Office／UPI／アフロ

多くのユダヤ人が虐殺されたという、悲しい歴史を持つ地域です。ヨーロッパ人の間での戦争というのは、こういった背景がひじょうに関係しているわけです。

そんななかで、ホロコーストとか、ユダヤ人大虐殺とかとは全く関係のない民族がいるとしたら、それは日本人だと私は思います。にもかかわらず、そういった関係のない人々がこのウクライナ戦争に対して介入してきて、あのキーウに来たということを、私はひじょうに不思議な感覚で捉えたわけですね。

そういう意味では、たとえば、広島や長崎といった日本でもとても悲しい歴史、悲惨な歴史を持つような地域に関係のない他国が来て、同盟関係を結ぶ、といったようなことと同じだと思います。何かどこか、不思議な感覚を持って、かつ悲しくなったわけです。

要するにアメリカという国が、日本の岸田首相をこの地域まで「連れてきた」ということ。そして、キーウのようなユダヤ人の大虐殺があったような地域にドイツが戦車を送るといったようなことは、ひじょうに複雑なことです。私はこのいまの戦況を非常に心配し、不安を持って眺めています。

池上　アメリカが日本の岸田首相をキーウに「連れてきた」ということについて、トッドさんは、そもそもアメリカというのは「他国を戦争に向かわせる国だ」とおっしゃっていましたね。なぜ、アメリカはそういう国なんでしょうか。

トッド　アメリカも昔はそうではなかったんですけれども、だんだんとそういう国になってしまった、というふうに思います。

というのも、そもそもアメリカはヨーロッパの国々などからは遅れて国際的な大きな勢力となっていったわけです。そこからだんだんと「戦争の文化」というものが育っていったと思います。これは、前にも述べたことですが、アメリカの領土自体が戦争に侵されたことがないというのも、大きな原因の一つだと思います。

ヨーロッパや中国、日本といった国のように、その土地での戦争が起きることを経験していない、ということが大きいわけですね。

そして、このアメリカの問題というのは英語圏全体の問題にもなってきている。一つの危機だというふうに思っているわけです。

それに加えて、乳幼児の死亡率が高まっているとか、文化的な危機みたいなものとかも見られるなど、ひじょうに退行的な側面があって、何と言いますか、どこか虚無の感覚みたいな、「何もそこにはない」というような感覚が広がってしまっている、というふうに感じるんです。

そういった意味でも、危険になってきていると思いますね。

先に述べたように、私は「反米主義」ではなく、今は「アメリカフォビア」というふうに自分のことを言っています。それは、アメリカが怖いからなんです。私自身も恐れるようになっているわけです。

そして、アメリカの文化というものが戦争を好む文化になってきています。それだけではなく、アメリカ人はヒーローでもなんでもなくて、確かに高い技術力を持ってはいるんですけれども、戦争をする対象というのは常に自分よりも何十倍も弱い相手に対して戦争するわけです。そこが一つの特徴で、たとえばドイツなどと比べると、そういった点はかなり異なるのではないか、というふうに思います。

アメリカフォビアという話をしましたけれども、これはアメリカのシステムに対しての話です。

もちろん、アメリカの個人、アメリカ人は個人的にはひじょうにいい人がたくさんいます。もちろん、文化的にもフランス人に近いところがあるので、お互いやりやすいという側面はあります。

ただ、それがシステムになると、ひじょうに危険なものになるということなんですね。もしかしたら、それは人口規模にもよるものなのかもしれないというふうに思います。たとえば、フランスなども、もしアメリカのように3億人を超えるような人口を抱えていれば、こういった傲慢な態度に出ることもあり得るのかもしれないわけで、人口規模というのもここでは重要になってくると思います。

まだまだフランスはひじょうに小さいです。アメリカに比べると小さいですけれども、それでも世界に対していろいろと説教をしようとする国なので、これがあのアメリカと同じような大きな国になれば、同じような傲慢な態度になるかもしれないと思いますね。

ヨーロッパ人は現実を直視していない

トッド　また、アメリカの話をしましたけれども、私がひじょうに悲観的になっているのは、アメリカ人よりもむしろ、ヨーロッパ人の態度のほうかなというふうにも感じています。

つまり、ヨーロッパ人が現実を直視していないということがあって、とても私は悲観的になっているんですね。

このウクライナ戦争が長期戦に突入したということ。ロシアの経済がまだ耐え抜いているということ。それから、ロシア軍がやはりだんだんと中国に支えられつつあるということや、インドもロシアに親近感を持っているということ。こういった背景を考えると、このウクライナ戦争に直接関係してくるヨーロッパ人は、この戦争は自分たちの経済に打撃を与えるものだということをもっと理解するべきなんですね。

実際に、いまヨーロッパではインフレがあり、生活水準もだんだんと下がってきてしまっています。しかし、ヨーロッパの指導者層のなかに果たして、この現実を直視するような行動と態度が見られるかというと、見られない。逆に、ひじょうに理解しにくい行動、たとえば国際刑事裁判所（ICC）がプーチンに逮捕状を出すといったようなばかげた行動しか見られないと。そういった意味で、私はアメリカ人が病んでいるだけではなく、ヨーロッパ人も病んでいるんだというふうに考え始めているわけです。そのなかで、これまで言及してきたポーランドという国が、やはりとくに問題だというふうに思いますね。

もう一つ、私が悲しいと思っているのは、ウクライナ戦争開始後に私が書いた本で言っていたようなことが、現実になってきているということなんです。つまり、私が本で言っていることは、私が願っていることとは全く別なわけです。ですけれども、言ったことが本当になってしまった。とても悲しいとしか言いようがありません。

たとえば、私はヨーロッパが、家族システム的な面から考えても、世界から孤立するのではないかと考えて、指摘しました。ヨーロッパはその家族システムとしては、双系制で核家族構造です。ただし、これは世界で言えば約25％程度なんですね。

一方で、世界の大半は父系制の家族システムであり、権威主義的な家族構造。そのような国が70％を超えるわけです。そういった意味でもヨーロッパは注意するべきだと私は言ってきたんですけれども、いまの状況を見ると、ますますそのような「ヨーロッパの孤立」みたいなところが浮かび上がってきていると思います。

たとえばアラブの諸国も、石油の生産を抑えるなどといった動きを見せていて、それはつまり、ロシアにどんどん近寄るような動きなわけですね。

そして、そこからは「西側諸国vs.東」とかいう問題ではなくて、「西側諸国vs.世界」というような対立が見えてくるわけです。

もしかしたら、そのことを西側もだんだんと理解してきているために、これほどヨーロッパ人が慌てているのかもしれません。ロシアや中国、イランやインドなどといった国々がお互いにいろんな協定を結んでいますが、これは、確かに西側が把握し得ないというか、コントロールし得ないところで起きている事柄なんですね。

そしてこれはもしかすると、植民地時代から続いていた西側諸国の支配の、世界支配の終焉《しゅうえん》というふうにも、考えることができるかもしれません。そういうことはもちろんあり得ると思いますし、私もそれに反対をするわけでは全くないんですけれども、ただ、その終焉というものが、「西側諸国vs.全世界」というような終わり方を迎えるのではなくて、全世界で平和にだんだん分断が進んでいくというような終わり方のほうがよかったな、というふうにも思うわけです。

つまり、中国やインド、それからアラブ諸国も、それぞれの国は全く違う国々なんですね。一方で、西側と言われているドイツやフランスや、日本や韓国といった国々も全く異なる国々なんです。

なので、それぞれの国々が平和のうちに分断を進めて、西側の支配が終わりを迎えると。そういったほうが好ましかったというふうには思います。

その問題の中心には、「脱植民地化」という話があると思うんです。それは、イギリスやフランス、オランダ、ベルギー、そしてもちろん日本もですけれども、これら植民地が崩壊していくわけです。

この植民地の崩壊というのは、実はソ連の勢力によるところが大きかったんです。ソ

2022年２月24日、ロシア軍がウクライナに侵攻した＝ZUMA Press／アフロ

連の勢力が高まっていく背景のなかで、西側の植民地というのはどんどん崩壊していきました。

そうしたなかで、ついに１９９１年にソ連が終焉を迎えると、新たな植民地主義的な思想が生まれました。それが「経済のグローバル化」なんです。そしてこの経済のグローバル化によって、アメリカが中心の世界というものが生まれました。

そういった状況のなかで、１９９１年から２０２２年のウクライナ戦争が始まるまで世界の一極化というものが進み、今日に至るまでのアメリカの支配というものがあったのです。

そういった一連の流れが、このウクライナ戦争というものにつながっているというふうに思いますね。

池上　世界が平和のうちに分断が進み、西側支配が終焉する形のほうがよかったというトッドさんのお話は印象的でした。

ただ、世界が多様化することが、イコール私たちにとってよいことなのかどうか。これは難しいところだなとも思います。

東西冷戦時代はある種、極めて皮肉なことですけど、世界は安定していたんですよね。確かに朝鮮戦争やベトナム戦争はありましたけれど、むしろ世界が二つに対立することによって、安定していた。

ところが、ソ連が崩壊してしまい、東西冷戦が終わった途端に、旧ユーゴスラビアの内戦が勃発したり、あるいは湾岸戦争が勃発したりという形でひじょうに不安定になった。

だけどその一方で、結局、アメリカ一強という状態になってきた。それに対するロシアやあるいは中国の異議申し立てが、現在こういう状態になってきている。

でも、ということは、たとえばの話ですけど、中国が大変な大国になって、アメリカと対等に向き合うということになったら、また極めて皮肉なことですが、世界は安定するかもしれません。

だけど、そこに行くまでの過程で、これからもあちこちで紛争というものが起き得るわけです。とりわけ台湾をめぐる緊張というのが起きてくるのではないか、というふうに思います。

多様化してきて、長期的に見れば世界は安定するかもしれませんけれど、その安定するまでの間、ひじょうに不安定な状態がこれからしばらく続いてくるんじゃないか。それを覚悟しなければいけないのかな、というふうにも私は考えています。

第5章

多様化していく世界と我々

池上　トッドさんは、ロシアという国は権威主義ではあるけれども、目指す世界としてはそれぞれの国の「特殊性」を尊重し、自国の価値観を他の国に押し付けない「すみ分け」のビジョンがあるということをおっしゃっていますね。

確かに一方のアメリカという国は、やはりアメリカ的な民主主義を、どうもいろんな国に押し付けようとしています。

今回のウクライナ戦争をきっかけに、ロシアのような他国の特殊性を尊重し、画一的な価値観を押しつけない姿勢に同調する国は増えるのでしょうか。そして西側が進めてきた民主主義・普遍主義は衰えていき、それぞれの多様性を認めようじゃないかという動きが広がっていくのでしょうか。

その点については、どのようにご覧になっていますか。

トッド　まさしく真に逆説的な状況というのがそこにはあるんです。

つまり、西洋側は普遍的な価値、リベラルな価値観をある意味、世界中に押しつけているわけですよね。

池上さんがいまおっしゃったとおりです。そして、一方の権威主義的なロシア側というのは、各国の特殊性というものを認めて、国家主権を認めようという思想なわけです。ちなみにそれについて、プーチンが常に、少しユーモアを持って言うのは、西側は慣習面では他の国に「好き勝手にしたらよろしい」というふうに言う。でも、西側はロシアに対してはそんなことは言わないじゃないかと。

西側は個人の自由というものはひじょうに認めるんですけれども、外部に対してはそうでない。

一方で、ロシアは内部ではひじょうに権威主義的ですけれども、外部に対しては、それぞれの特殊性を認めると。そういった逆説的な状況は確かにありますね。

池上　その点で言うと、日本はどちらに近いでしょうか。

トッド　そうですね、日本は確かに西側に入っているんですけれども、それは単純に、アメリカに占領された歴史があるからだというふうに私は言ってきました。

日本は直系家族構造です。通常は男子長子が結婚後も親と同居して、相続の際にすべてを相続する形で優遇されるわけです。

つまり、アメリカやイギリスなどのヨーロッパ諸国のように核家族構造で、自由主義

ウクライナへの支援を協議する国際会議がドイツで開かれ、約50カ国の国防相らが参加した＝2023年１月20日、Ukrainian Presidential Press Service／ロイター／アフロ

で個人主義で、相続は親の遺言で決定するというところと、一方でロシアのように共同体家族構造で、権威主義的でかつ相続はきょうだい間で平等という価値観があるところの、その中間に日本は位置します。

女性の地位を見ても、ロシアの女性の地位は特別で、とても不思議なんですけれども、ひじょうに高いのです。日本はというと、中国と西側諸国のちょうど中間あたりに位置します。日本はそういう意味で、人類学的に中間にいます。

ちなみにアメリカの政治学者、サミュエル・ハンチントンは自著の『文明の衝突』のなかで、まあこれはあまりおもしろくなかった議論だったんですけれども、「日本は中国に寄っていく」というふうに考えていたわけです。

しかし、いま、「人類学的に見た世界」が、親族システムごとに分断されていったとしたら、日本はひじょうに特殊な位置にいるというふうに言えると思います。

そういった意味で、日本が完全に西側の国の一部だというふうには言い切れないですし、全くそうではないわけでもないですね。

日本は確かにいくつかのヨーロッパの文化、たとえばスイスやドイツなどの文化と共鳴する部分もありますけれども、西側諸国ではない。

ただし、そんなことは別に私があえて、「日本人はアメリカ人ではないです」というようなことを言わなくても、日本人自身が一番よく理解されているのではないか、というふうに思います。

池上　確かにそうですね。
それにしても、このウクライナ戦争をきっかけに、自国の価値を押し付けない世界になり、ますます多様化していく時代になってくるとしたら、そのときは日本の立ち位置というものが問われますよね。

トッドさんは今後、「アメリカの崩壊」ということもあり得るとの問題提起をされました。

アメリカが物理的になくなることはないにしても、これまでの日本というのは、「アメリカに従っていればいい」という、ある種、思考停止と言いますか、アメリカにつながっていればいいんだよと思っているようなところがありました。

でも、世界が多様化していけば、そういうわけにはいかなくなる。まさに世界が多様化していくなかで、日本の立ち位置はどうあるべきなのかということが、改めて問われているな、ということを感じました。

家族システムに見られる価値観で言えば、日本はアメリカとロシアとのちょうど中間くらいにあるというお話もひじょうに興味深いですね。

もちろん、日本がロシアの価値観に寄っていく、ということは考えにくいなと思います。でも、アメリカがトッドさんがおっしゃるように没落していくと、改めて「じゃあ日本的価値って何なんだろうか、日本の存在って何だったんだろうか」ということを考えざるを得ないと思います。

明治維新以降、例えば福沢諭吉が、アジアを離れてヨーロッパ諸国の仲間入りを目指すとして「脱亜入欧」という言い方をしていました。ずっと日本は脱亜入欧で来ましたけど、今度は「脱欧入亜」なのかなとも思います。

アジアにおける日本、アジアのなかでの日本ということを、もう一度考えていかなければいけないのではないかと。というのも、ＡＳＥＡＮ（東南アジア諸国連合）の国々がいま、急激に経済成長しています。そしてインバウンドも、中国からはまだ全面的には訪れないなかで、アジアからの人たちがものすごく増えている。アジアのなかでの日本というものを、もう一度見直さなければいけないのかと、そう思っています。

アメリカが崩壊したら日本はどうするべきか

トッド　私のほうからも、もし、アメリカがこの時点で崩壊したら日本はどうするべきかという話を少ししてみてもいいでしょうか。

池上　どうぞどうぞ。

トッド　まず一つ目は、日米同盟でアメリカに頼り切るのではなく、そこから抜け出し、真の「自立」を得るための手段として核武装をすること。

二つ目は、中立国として宣言をすること。

そして三つ目は、子どもをつくることです。

池上　ごめんなさい、3番目は何とおっしゃいました？

トッド　子どもをつくることです。

池上　なるほど（笑）。

三つの選択肢があるということですね。核武装ということはつまり、ハリネズミのように自分のことは自分で守るということですね。

私は、日本はやっぱり、核武装はできないなと思います。国民感情もありますし、核武装しないということが戦後の日本の国是となった以上、そこはさすがに難しいかなと思います。

2番目の「中立」というのは、要するに中国や周辺の国に脅威を与えないということでしょうか。ただ、何をもって「中立」と言うのかは、難しいですよね。中国の横にいるから中国に逆らわないということなのかどうか。

東西冷戦時代は、「フィンランド化」という言葉がありました。ソ連を刺激しないように、隣国のフィンランドは注意深くソ連と付き合っていくという意味なのですが、日本では極めて負のイメージで語られました。日本が、中国と戦争にならない程度に、中国を刺激しないという形で付き合っていく。現実的にそうなる可能性はあると思うのですが、そういうような形になっていくのは個人的には嫌だなと思うんですよね。

尖閣諸島の問題などさまざまな問題があったり、23年3月には北京で大手製薬会社の日本人男性がスパイ容疑で捕まったりといったなかで、4月には林芳正外務大臣が中国に行って、これからも仲良くやりましょうと言わざるを得ないというのはひじょうに矛盾しています。

だけど、そんなの嫌だなと多くの日本人が思いつつも、中国を怒らせると怖いかなとか、あるいは貿易の最大の相手国であれば、関係は築かざるを得ないかなとか、そういう矛盾した立場にいる日本という状態は、これからも続いていくのかもしれません。

アメリカがしっかりと、強力に残ってくれていれば、日本は話が簡単なんですけど。

それがだんだんそうでなくなってきたときに、日本はつらいなと思います。あるいはフィンランドの経験から学ぶという道もあるのかもしれないなと思います。

ところでトッドさん、3番目の「子どもをつくる」っていうのは、どういうことでしょう。

トッド 日本が国として存続するためには、人口を保たなければいけません。そういった意味で、子どもをつくることと言いました。

池上 なるほど、そのことで言うと、いま、日本では少子化が本当に深刻な状態になっています。

フランスでは、少子化に歯止めをかけたという説もあれば、いやいや、十分歯止めをかけたとは言えないんだっていう説がありますね。フランスと日本の少子化対策について、どのようにご覧になっていますか。

トッド そうですね、この問題はひじょうに複雑なことですね。

いままであまり言ってこなかったことなんですけども、私が韓国とフランスを比べてみて気づいたことなのですが、韓国というのは、そのエネルギーを全て、経済の成功や経済の成長に費やしてきたわけです。そして、いまや合計特殊出生率が「0・8」と世界で一番最悪な状態にあります。

一方のフランスというのは、先進諸国のなかでも経済改革ということをなかなか進めなかった国なんです。いまも経済に関してはひじょうに問題が勃発中のフランスですけれども、経済的に非合理的なことをずっとしてきた国だったわけです。

私がそこで気づいたのは、出生率を高める、子どもをつくるということに関しては、経済的合理主義からいったん脱する必要があるのではないかということなんです。

考えてみれば、子どもをつくること自体が合理的な話では全くないわけです。経済的な合理主義というところからいったん脱することで、子どもというのはもしかしたら増えるのかもしれないというふうに考えたわけです。

そして、いまやとくに、たとえば高等教育を受ける人々の比率が増えてきているような国のなかではますます、「国からの支援」というものも必要になってきているはずなんですね。

そうすると、やはり経済的な合理性などというところからは一線を画したところで、少子化の政策はしていかないといけないはずですし、またグローバリゼーションといった制約からも、いったんは脱する必要があるのではないかと私は感じています。

関連してもう一つ言いたいことがあります。

日本は経済的な合理主義から脱するべきなんですけれども、ぜひ、フランスの非合理主義的な経済政策というものをモデルにしてほしいと思います。ここで実は、日仏の協力関係というのがあり得るかもしれません。

というのは、フランスは日本に対して、その非合理的な経済政策というのを見せるべきですし、一方で日本はフランスに対して技術や工業生産というのもすばらしいものだということを、もう一度フランス人に教えてあげてほしいというふうに思います。

グローバルサウスはむしろロシアに近い

池上　話は変わりますが、「グローバルサウス」（南半球を中心とする新興・途上国）という言葉があります。

アメリカとロシアのどちらにも与しない、インドやインドネシア、中東などのグローバルサウスの国々は、今回のウクライナ戦争が終わった後、どのような存在に、あるいはどのような立ち位置になっていくとお考えでしょうか。

トッド　この戦争が明らかにした問題の一つは、グローバルサウスと呼ばれる国々が、「どちらにも与しない」ではなくて、「むしろロシアに近い」ということが明らかになってきたことだと考えています。

いわゆる白人という人種を裏切った国、みたいな立ち位置にいまのロシアはいるわけですね。だからこそ、ヨーロッパからあれほどまでに憎まれることになったのだと思います。

ロシア人は、たとえばプーチンなんかを見ても、見た目はヨーロッパ人なわけですね。白人で金髪で青い目といった白人です。

それでも、基本的にいまは中国やインドやサウジアラビアと近く、その関係を保ちたいというふうに願っている。それが、いまの西側諸国からひじょうに憎まれる理由の一つになっていて、そしてそれは、この戦争が明らかにした点なのではないかと思います。

池上　ということは、この後、さらにグローバルサウスが発展していくということは、アメリカの没落につながっていくということなんでしょうか。

トッド　これは別に私がその答えを持っているというわけではないんですけれども、確かに、まさにそれが今回のウクライナ戦争の真の問題です。

というのは、アメリカの没落の可能性、ということなんですね。これは、あり得るかどうかという回答を私は持っていないんですけれども、それこそがまさに、いま、真の問題としてそこにある、と考えているのです。

問題はウクライナでも、日本でも中国でもなく、まさに「アメリカが脱落するかどうか」というこの点なんですね。

みんなが負ける負け戦が続く

池上　この先、この戦争はどうなっていくのか。ウクライナとしてはロシアを国内から追い出すまでは戦争を続ける。一方で、プーチン大統領にしてみれば、ドネツクやルハ

2人の子どもとその母親の葬儀で、涙する親族。キーウ近郊のブチャではロシア軍による虐殺が起きたとされる＝2022年４月19日、Abaca／アフロ

ンスクなどウクライナ4州をロシア領として「併合」した以上、そこから撤退することはできない。

アメリカも、この戦争から抜け出すことは難しい。ヨーロッパ諸国もロシアへの経済制裁をした結果、天然ガスが入ってこないなどさまざまな経済的打撃を受けている。

結局、この戦争に勝者はいない。延々と、みんなが負ける負け戦が続く、そんな未来が来るのではないでしょうか。

トッド　この戦争が始まったとき、私は地政学の本を書き始めていました。そのとき世界は中国対アメリカという構図で見ることができると考えていました。しかし、アメリカの生産力がひじょうに弱まっていることや、中国も出生率がひじょうに低下していることから、その構図で世界を見るのは正しくないことに気づきました。

私は焦点をロシアに移していきました。すると、ロシアは保守的ではありますが、たとえば乳幼児死亡率がいまはアメリカを下回るなど、社会としてある程度安定した国であることが見えてきました。

ただ、人口は減少傾向にあり、ロシア的な帝国主義を世界に広めていくほどの勢力ではないことにも気づきました。そして中国も同様に出生率が低下しているので、これらの国がこの世界システムのなかで問題なのではないということに気づいたんですね。

一方、ヨーロッパは、混乱しつつも、社会的にはまあまあ安定しているといったような姿に見えてきました。

そして、イギリスが危機的な状況にあるということから、アメリカの問題にも向き合うことになったんです。

世界のシステムを考えていくうえで、どの国が問題なのか。世界が不安定化していくその中心にあり、世界がこれから先に向き合わないといけないのはアングロサクソン圏、とくにアメリカの「後退のスパイラル」なのだということに気づいたんです。問題はロシアでも中国でもなく、アメリカなのです。

私はいま、よくこう言います。いまの人類が直面している問題は二つある。地球温暖化と、アメリカだと。

この戦争がどういう形で終わるのか、はたして終わりがあるのかわかりません。その理由としては、不確実性ですね。

ロシアやアメリカの軍需生産力というのが不確実ななかで、どう終わるのかということは、なかなか見えづらいということはあります。

ただ、さまざまな終わり方の可能性を考えていくと、アメリカ社会が貧困化などの問題で後退のスパイラルにますます入り込んでいくことによる「アメリカの崩壊」もあり得るのではないかと考えています。

フランスのジャーナリストは恐らくロシアのほうが50%くらいの確率で崩壊すると見ているでしょう。でも、私は5%ほどではありますが、アメリカが崩壊することもあると見ています。

そして、イギリスもおそらくこれから後退し、崩壊を迎えるのではないかと。その可能性があるというふうに思います。

池上　実は一番の危機は、アメリカの危機ではないのか。みんなロシアが危機だ危機だと、日本ではいろんな人が言っているんですけど、実はアメリカが大変な危機的な状況なんだということですね。

確かに、アメリカ国内での分断ということは、明らかに進んでいるように見えます。

共和党自身の内部が分裂をしてしまって、下院の議長が15回も投票しなければ決まらないような状態になっているときに、トランプさんが「選挙に出るんだ」と言ってしゃしゃり出てくる。だけど、共和党のなかでも、そのトランプさんについていくという人ばかりではない。

一方で、じゃあバイデン大統領は大丈夫なのかというと、機密文書の問題も出てきたり、高齢であったりということで、本当にアメリカ自身が迷走している。そういうような、アメリカ自身が危機的な状況にあるんだっていうことを、あらためて考えなければいけないということだろうと思いますね。

そして、実はロシアがこの戦争の前から、とにかく世界においてアメリカが唯一の大国であってはいけない、多様な世界でなければいけないと言っていたんです。今回のウクライナ戦争をきっかけに、結果的に世界がさまざまに分断し、多様になっていくということになると、それって、ロシアの世界戦略が成功するということになってしまうかもしれませんよね。

ウクライナでは大変な苦戦をしている。つい私たちはそこだけを見てしまうんだけど、もっと広い、長いスパンで見ると、実はロシアの世界戦略が成功しつつあるのかもしれないということですね。

トッド　ただ、この分断した世界というものが、不安定な世界だ、とも限らないんですね。

分断した世界が不安定だと言い切ってしまうのは、間違いだというふうに思います。人口的にそこでは停滞した世界があって、でもある程度、平和的で安定した社会があるんじゃないかと、私は想像するんですね。

一方で、たとえばアメリカが1国の覇権国家として存在し続けるといった世界のほうがむしろ危うくて、不安定化を招くのではないかというふうに私は思います。分断した世界というものは、不安定ではない可能性もあるわけです。

池上　なるほど。メディアが一方的に伝えているなかで、「ちょっと待てよ」「いやいや、問われているのは実はアメリカなんだ」という、オルタナティブな、多様なものの見方も提示しつつ、冷静な視点でこの戦争を見ていかなければいけないのかなということを、トッドさんから教わっている気がしています。

ところで、では、この戦争はどういう形で終わるんでしょうか。とてもこの戦争の終わり方が私は見えないんですけど、どういう形で広がるのか、あるいは終わるとすればこういう形だという点については、どのようにお考えですか。

トッド　そうですね……。この戦争は「終わらない」というふうに思います。

池上　私は、このウクライナ戦争はこの先10年は続く「10年戦争」になると言っています。

トッド　私は5年だと思いますね。人口動態で見ると、ロシアの人口が最も減り始めるのが5年後であること、また第1次世界大戦、第2次世界大戦ともに5年ほどで終わったということもあります。

アメリカは高機動ロケット砲システム「HIMARS（ハイマース）」をウクライナに提供している＝AP／アフロ

池上　おそらく私が推測するに、プーチン大統領の頭のなかは第2次世界大戦中の1941年6月から45年5月にかけて戦った「独ソ戦」があると思います。

このとき、ドイツの侵略を受けてまさに現在のウクライナの土地で大戦車戦が展開され、4年かかってドイツを追い出した。だから、少なくとも4年ぐらいは続くだろう、くらいのことはプーチン大統領は考えているのではないかなと思っています。

だから、少なくともあと3年間くらいは、やはり私たちも残念ながら、覚悟しなければいけないのかもしれないですね。

それで結果的に、どこにも勝者がいないという戦争がいま展開されているんだということを、これも残念ながら私たちは認識しなければいけないのかなと思っています。

それとも、この戦争が終わったとき、たとえば中国、インド、サウジアラビアといった国が勝者として生き残っているという可能性も考えられるでしょうか。

トッド そうですね。たとえば二つの国の勢力が対立すると、その後にはその周りにいた国が台頭してくる、ということは歴史のなかでもありました。

第1次世界大戦もヨーロッパのなかで対立が起き、ヨーロッパは自殺するような形で崩れていきました。一方で、対立のなかからアメリカの覇権というものが生まれましたよね。

その意味で、池上さんのおっしゃったような国々が勝者のような形になることはあり得ると思います。ただ、それらの国は世界の覇権を取るほどではありません。

インドという国は、確かに人口が多いんですけれども、ひじょうに多様な国で、またムスリムの人口も多いなど多宗教で本当に不確実なので、ちょっとわからないというところがあるんですけれども、そこまで世界を支配するほどの勢力ではまだない。サウジアラビアなんかもそこまでもないですね。

むしろ、ロシアが勝者になる可能性があるんです。この戦争は単なる軍事的な衝突ではなく、実は価値観の戦争でもあります。西側の国は、アングロサクソン的な自由と民主主義が普遍的で正しいと考えています。一方のロシアは権威主義でありつつも、あらゆる文明や国家の特殊性を尊重するという考えが正しいと考えています。そして中国、インド、中東やアフリカなど、このロシアの価値観のほうに共感する国は意外に多いのです。

世界が多様化しても不安定とは限らない

トッド　先ほども言いましたが、世界が多様化し分断しても、それが不安定な世界だとは限りません。ロシアの言う「あらゆる文明、あらゆる国家がそれぞれのあり方で存在する権利を認める」世界が支持され、実現するなら、ロシアが勝者になると考えることもできるわけです。

私は『帝国以後』（藤原書店）という本を2003年に書きました。その本の最後に、

「仮説とまた希望」として、アメリカが合理的な国になることを願っているんですね。

そして一つの国民国家、ネーションとして、多極性のある世界をアメリカが受け入れることを、私は希望として、そこに記していました。

私はそれまではどちらかというと、思想的にもひじょうにアメリカに好意的な立場の人間だったわけです。

しかし、このウクライナ戦争というのは、私が住む私の大陸、ヨーロッパ大陸で戦争が起こったわけです。アメリカが責任者として、その戦争を引き起こしているわけですけれども、これはひじょうに許せないことでした。

また、アメリカのトランプ前政権の失敗や、バイデン政権のひじょうに好戦的な態度などが、私にアメリカに対する希望というのを失わせてしまったわけです。

アメリカという勢力が消えることで、世界の平和な状態というのは取り戻されるのではないでしょうか。

一方で、イギリスの危機というものを認めるのも、ひじょうに私自身は難しかったんです。けれども、これもまた一つの希望が消えてしまったというふうに言えると思います。

17世紀から第2次世界大戦後くらいまでの「近代化」というのは、アメリカやイギリスの「よき行動」によって、ひじょうに前進が見られたという一つの時代だったと思うんです。

でも、それは一つのサイクルなのであって、それがもしかしたらいま、終わりを迎えているのではないか、というふうに思います。

アメリカが一国の覇権国家として存在し、無責任な行動を取る世界のほうがむしろ不安定化を招くでしょう。この状況は早々に終わらせるべきです。そのためにはアメリカが自分の弱さを認めるしかない。そうしないと「終わり」は来ないのだと思います。

池上　最後にひとつ質問です。希望はあるのでしょうか。

トッド　わかりません、これはもう、ジョーカーですね。

性格的に、私はひじょうに前向きで、希望というものはいつも持っているんです。けれども、そんな自分も、ちょっといまは希望が信じられない感じですね。

池上　でも、希望は持ちたいですね。あらゆる災厄が世界に飛び出していっても、最後に希望だけが残ったという、有名な話もありますから。なんとか希望を見つけたい。

希望はありますかというよりも、私たち自身が希望を見つけていかなければいけないのかなと思います。

ロシアはもちろん悪いのだが――あとがきに代えて

ロシアがウクライナへの軍事侵攻を開始した約3カ月後の2022年5月18日、アメリカ・テキサス州ダラスで演説していたジョージ・W・ブッシュ（子）元米大統領は、次のように語りました。

〈チェック・アンド・バランス（抑制と均衡）の欠如が生じ、一人の男が全く不当で残忍なイラク侵略を開始することになった〉（ロイター通信5月19日配信から）

実はこの演説は、ブッシュ元大統領がロシアのプーチン大統領によるウクライナ侵攻を非難するものだったのですが、「ウクライナ」と言うべきところを「イラク」と言ってしまったのです。

〈その後、首を振りながら「ウクライナのことだ」と言い直し、年のせいで間違えたと

聴衆を笑わせた〉（同）

テキサス州の聴衆は笑ったようですが、世界は決して笑っていられません。ロイター通信も、この後、次のように記事を結んでいます。

〈米主導のイラク侵攻はブッシュ政権下の２００３年に始まったが、米国が主張した大量破壊兵器は発見されなかった。紛争は長期化し、死者は数十万人に上った〉（同）

あの戦争から20年が経ちました。ネオコンと呼ばれる保守派に唆《そそのか》される形で、一人の男が全く不当な戦争を始めたのです。

そのことについてしっかりとした総括もしていないアメリカが、ロシアのウクライナ侵攻を非難する。ロシアのプーチン大統領にしてみれば、「どの口で言う」とでも言いたくなるでしょう。

もちろんだからといって、ロシアによる軍事侵攻を正当化することはできません。こちらも「全く不当な」ものなのです。

アメリカによるイラク侵攻は、「イラクが大量破壊兵器を開発しているので、これをやめさせる」という目的を大義名分とし、アメリカの軍事力を世界に見せつけました。

しかし、大量破壊兵器を開発していた証拠はなく、結局アメリカは「イラクの石油が目当てだったのだろう」と批判を受けることになりました。これをきっかけに、アメリカの世界での地位が大きく揺らぐことになりました。

この戦争よりさらに12年前の1991年に起きた湾岸戦争は、クウェートに侵攻したイラクを追い出すのが目的で、国連決議にもとづくものでした。多くの国がアメリカに賛同し、多国籍軍を派遣。当時のソ連も、アメリカの武力行使に反対しませんでした。しかしイラク戦争では、ロシアやアラブ諸国ばかりでなくフランスやドイツも反対したのです。

それでもアメリカは、国連決議もないまま、イギリスと共に、他の名ばかりの有志国を従えてイラクを攻撃。フセイン政権を倒したものの、イラクは内戦状態に突入し、混乱の中から過激なＩＳ（イスラム国）が誕生してしまいました。

このとき世界は、国連の安全保障理事会の常任理事国が暴走すると、国連はそれを阻止できないことを思い知らされました。

そして、今回のロシアです。世界は再び国連の無力さを目撃しています。

プーチン大統領は、そもそもウクライナを国家として認めず、帝政ロシアの一部、そしてソビエト連邦の一部でしかなかった「片田舎」という認識で軍事力を行使しました。

これには世界の多くの国が衝撃を受けましたが、ロシアもまた安全保障理事会の常任理事国だったため、非難決議は採択されず、国連総会でロシアを非難する決議が採択されましたが、効力はありませんでした。欧米各国（そして日本も）はロシアに対する経済制裁に踏み切りましたが、この動きに加わらない国も多く、制裁は思うほどに効果を上げていません。

いったい何が起きているのか、何が問題なのか。これを明確にするため、私たちはエマニュエル・トッド氏に話を聞くことにしました。トッド氏は、欧州を代表する知識人で、欧米挙げてのロシア非難からは距離を置いているからです。トッド氏は、なぜロシア非難の波に乗らないのか。それを明らかにしたのが、本書です。

トッド氏は、実に多彩な観点を私たちに示してくれました。ロシア型の家族構造と私たちの家族構造の違いが対立を生んでいるという指摘には、「そこから来るのか」という印象を抱きました。

対談を終えての感想。それは、オルタナティブな見方、大勢に加わらない独自の見方の大切さを痛感していることです。

欧米とりわけアメリカは、ウクライナに大量の兵器を支援しています。ロシアを勝たせないためには当然のことと思ってしまいますが、トッド氏は、これは極めて不道徳なことだと断罪します。ウクライナの人たちに戦争をさせるという代理戦争だからです。

問題はアメリカであり、ポーランドなのだというトッド氏の慧眼《けいがん》には目を見開かされます。すでに「アメリカを中心とする西側とロシアの間で展開されている世界戦争」という段階に入っているという指摘にはドキッとさせられます。

日本にいるとロシア苦戦のニュースばかりが入ってきます。「ロシアは弾薬が尽きてきたらしい」というもっともらしい話も伝わってきますが、ロシアは弾薬を大量生産できる工業力を維持しています。

一方でアメリカは工業力が低下し、ウクライナに十分な弾薬を支援するのがむずかしく、ウクライナこそ先に弾薬がなくなってしまいそうです。

どうしてこうなってしまったのか。トッド氏の視点は鋭く、私たちに別の視角を与えてくれます。読者は、ウクライナでの戦争は、このように見ることも可能だという新たな視座を獲得することでしょう。

トッド氏との緊急対談は数次に及び、総計8時間に達しました。多忙ななかで快く対談の機会を与えて下さったことに感謝です。

また、長時間の対談中、見事な通訳を務めてくださった大野舞さんにも感謝です。過不足のない、流れるような日本語をうっとりしながら聞いていました。

さらにフランスとの時差のために日本時間の深夜に続いたリモートでの対談を支えてくださった編集者の皆さんにも感謝です。

2023年4月19日、東京にて

ジャーナリスト　池上　彰

年表　ウクライナ戦争をめぐる動き

2022年	
2月21日	ロシアのプーチン大統領が、ウクライナ東部ドンバスで親ロシア派組織が名乗る「ドネツク人民共和国」と「ルガンスク人民共和国」の独立を承認
24日	ロシア軍が侵攻開始。チェルノブイリ原発を占拠
25日	国連の安全保障理事会でロシア非難決議案を採決、ロシアが拒否権行使
28日	ベラルーシ国内で最初の停戦協議
3月3日	2回目の停戦協議
4日	ロシア軍がザポリージャ原発を攻撃
7日	3回目の停戦協議
9日	南東部マリウポリの産科病院に爆撃。妊婦ら死傷
14日	オンラインで4回目の停戦協議
16日	マリウポリの避難所の劇場に空爆
23日	ウクライナのゼレンスキー大統領が日本の国会でオンライン演説
29日	トルコで5回目の停戦協議
31日	ロシア軍がチェルノブイリ原発から撤退
4月2日	ロシア軍がキーウ州全域から撤退

3日	キーウ近郊ブチャなどで民間人の殺害が判明
14日	ロシア国営通信が黒海艦隊旗艦「モスクワ」の沈没を報道
21日	プーチン大統領がマリウポリの製鉄所「アゾフスターリ」への攻撃中止と封鎖を命令
5月9日	ロシアで第2次世界大戦の対独戦勝記念日の軍事パレード
18日	フィンランドとスウェーデンが北大西洋条約機構（NATO）に加盟申請
20日	ロシア側がマリウポリ制圧を宣言
31日	アメリカ政府が高機動ロケット砲システム（HIMARS〈ハイマース〉）のウクライナへの提供を表明
6月25日	ロシア軍が東部ルハンスク州セベロドネツクを制圧
7月3日	ロシア軍が同州全域を掌握
22日	国連とトルコの仲介で黒海からの食料輸出再開に合意
8月5日	攻撃でザポリージャ原発の設備が一部損傷。ウクライナとロシアの双方が非難
9日	ロシア支配下にある南部クリミア半島のロシア軍の軍用空港で大きな爆発
9月1日	ザポリージャ原発に国際原子力機関（IAEA）調査団が入る
10日	ウクライナ軍が北東部クピャンスクを奪還。ロシア国防省は東部イジューム周辺からの撤退を発表
21日	プーチン大統領が「部分的な動員令」で約30万人の予備兵招集を発表

	27日	ロシア占領下の東部、南部4州で親ロシア派勢力が「住民投票」。9割超がロシア編入に同意と主張
	30日	プーチン大統領が4州の併合を一方的に宣言
	10月1日	ウクライナ軍がリマンをほぼ奪還
	8日	クリミア半島とロシアを結ぶクリミア橋で爆発
	10日	ロシア軍がキーウなどウクライナ全土へミサイル攻撃。クリミア橋の爆発への反撃と主張
	12日	ロシア軍がウクライナ全土の電力施設などをミサイル攻撃。ウクライナ側は節電を呼びかけ
	11月9日	戦闘参加の日本人男性が死亡
	11日	ロシア軍が南部ヘルソン市を含むドニプロ川西岸からの部隊の撤退を完了
	15日	ポーランド南東部にミサイルが着弾し、2人が死亡
	12月5日	ロシア国内の空軍基地2カ所にドローン攻撃
	21日	ゼレンスキー大統領が訪米。アメリカは追加軍事支援を表明
	31日	新年にかけ、キーウなどに攻撃が相次ぐ
2023年	1月13日	ロシア側が東部の要衝バフムートに近いソレダルの制圧を宣言
	25日	ドイツが戦車「レオパルト2」、アメリカが戦車「エイブラムス」提供を発表

	2月20日	アメリカのバイデン大統領がキーウを電撃訪問。追加の軍事支援を表明
	21日	プーチン大統領が年次教書演説で米ロ間の「新戦略兵器削減条約」の履行停止を表明
	3月21日	岸田文雄首相がキーウを電撃訪問し、ゼレンスキー大統領と初めて対面で会談。殺傷能力のない装備品の支援を表明
		中国の習近平国家主席がモスクワで、プーチン大統領と会談。共同声明ではウクライナや欧米に対話を呼びかけながら、ロシア軍の撤退には触れず
	4月4日	フィンランドがNATOに正式加盟
	5月3日	ロシア大統領府が、クレムリンに攻撃を試みたドローン2機が墜落したと発表
	9日	プーチン大統領が対独戦勝記念日の軍事パレードで演説し、「再び我々の祖国に真の戦争が始められた」などと述べ、侵攻の責任は米欧にあると訴えた
	5月20日	ゼレンスキー大統領がG7広島サミットに出席するために来日
	6月10日	ゼレンスキー大統領は反転攻勢が始まっていることを明らかにした

朝日新聞から

構成：ＡＥＲＡ編集部・小長光哲郎
図版作製：枝常暢子　岡山進矢

エマニュエル・トッド Emmanuel Todd

歴史人口学者・家族人類学者。1951年、フランス生まれ。家族構成や人口動態などのデータで社会を分析し、ソ連崩壊などを予見。主な著書に『我々はどこから来て、今どこにいるのか？』『第三次世界大戦はもう始まっている』など

池上　彰 いけがみ・あきら

ジャーナリスト。1950年、長野県生まれ。NHKの記者やキャスターを経て、フリーに。名城大学教授、東京工業大学特命教授。主な著書に『世界史を変えたスパイたち』『第三次世界大戦 日本はこうなる』など

大野　舞 おおの・まい（通訳）

1983年生まれ。フランスのバカロレア（高校卒業国家資格）を取得後、一橋大学にて修士号取得。パリ・シテ大学東アジア人文科学研究科博士課程所属。主な訳書に『第三次世界大戦はもう始まっている』など

朝日新書
912

問題《もんだい》はロシアより、むしろアメリカだ
第三次世界大戦に突入した世界

2023年6月30日第1刷発行
2023年10月10日第5刷発行

著者　エマニュエル・トッド
　　　池上　彰
通訳　大野　舞
発行者　宇都宮健太朗
カバーデザイン　アンスガー・フォルマー　田嶋佳子
印刷所　凸版印刷株式会社
発行所　朝日新聞出版
〒104-8011　東京都中央区築地5-3-2
電話　03-5541-8832（編集）
　　　03-5540-7793（販売）

Published in Japan by Asahi Shimbun Publications Inc.
ISBN 978-4-02-295223-3
定価はカバーに表示してあります。

「外圧」の日本史
白村江の戦い・蒙古襲来・黒船から現代まで

本郷和人
簑原俊洋

遣唐使からモンゴル襲来、ペリーの黒船来航から連合国軍による占領まで、日本が岐路に立たされる時、そこにはつねに「外圧」があった——。メディアでも人気の歴史学者と気鋭の国際政治学者が、対外関係の歴史から日本の今後を展望する。

スマホはどこまで脳を壊すか

榊 浩平/著
川島隆太/監修

何でも即検索、連絡はSNS、ひま潰しに動画やゲーム……スマホやパソコンが手放せない〝オンライン習慣〟は、脳を「ダメ」にする危険性も指摘されている。その悪影響とは——、「脳トレ」の川島教授率いる東北大学の研究チームが最新研究から明らかに。

2035年の世界地図
失われる民主主義　破裂する資本主義

エマニュエル・トッド
マルクス・ガブリエル
ジャック・アタリ
ブランコ・ミラノビッチほか

戦争、疫病、貧困と分断、テクノロジーと資本の暴走——歴史はかつてなく不確実性を増している。「転換点」を迎えた世界をどうとらえるのか。縮みゆく日本で、私たちがなしうることは何か。人類最高の知性の目が見据える「2035年」の未来予想図。

新宗教　戦後政争史

島田裕巳

新宗教はなぜ、政治に深く入り込んでいくのか？　この問いは、日本社会のもう一つの素顔をあぶりだす。新宗教は高度経済成長の産物であり、近代日本社会の宗教体制を色濃く反映している。天皇制とのかかわりに特に着目すれば、「新宗教とは何か」が見えてくる！

学校がウソくさい
新時代の教育改造ルール

藤原和博

学校は社会の縮図。その現場がいつの時代にもましてウソくさくなっている。特に公立の義務教育の場が著しい。社会からの十重二十重のプレッシャーで虚像になってしまった学校の実態に、「原点回帰」の処方を示す。教育改革実践家の著者によるリアルな提言書！

人口亡国
移民で生まれ変わるニッポン

毛受敏浩

〝移民政策〟を避けてきた日本を人口減少の大津波が襲っている。GDP世界3位も30年後には8位という並の国に。まだ日本に魅力が残っている今、外国人から移民先として選ばれる政策をはっきりと打ち出し、この国を支える人たちを迎え入れてこそ将来像が描ける。

マッチング・アプリ症候群
婚活沼に棲む人々

速水由紀子

婚活アプリで1年半に200人とマッチングしてみたところ、「富豪イケオジ」「筋モテ」「超年下」「写真詐欺」「ヤリモク」……〝婚活沼〟の底には驚くべき生態が広がっていた！　合理的なツールか、やはり危険な出会い系なのか。「2人で退会」の夢を叶えるための処方箋とは。

問題はロシアより、むしろアメリカだ
第三次世界大戦に突入した世界

エマニュエル・トッド
池上　彰

世界の頭脳であるフランス人人口学者のエマニュエル・トッド氏と、ジャーナリストの池上彰氏が、ウクライナ戦争後の世界を読み解く。覇権国家として君臨してきたアメリカの力が弱まり、多極化、多様化する世界が訪れる――。全3日にわたる白熱対談！